MANFRED DURNIOK

CHINESISCHE GÄRTEN

UND

DER GARTEN DER VOLLENDUNG DES MONDES IN BERLIN

MIT EINER EINFÜHRUNG VON NIGEL CAMERON

nicolai

從夢想到現實

FROM DREAM TO REALITY

INTRODUCTION BY NIGEL CAMERON

THE GARDEN OF FULL MOON HARMONY

One day in Hong Kong in 1967 I was busy in my workroom on research for my forthcoming book which was to be named *Barbarians and Mandarins: Thirteen Centuries of Western Travellers to China*. At some point in the afternoon I was looking up from the typewriter, considering the merits of some evidence research had turned up on one of those travellers, when the telephone rang. "This is Manfred Durniok", the caller said. The name was already known to me through a friend, and later that hot afternoon Manfred Durniok came to the apartment.

During our conversations his interest in what I was writing led me to recount for him in brief the story of how the West, over those long centuries, had gradually and in a haphazard manner through the link of those assorted travellers, gained a slowly increasing knowledge of the vast, ancient, almost incomprehensively different civilization of China.

In turn, I learned something of my visitor's background. Recalling this thirty-three years later, he put the substance of it in writing: "Actually my first encounter with Asia was more of a nightmare than a beautiful dream. As a child I was living in the ruins of Berlin during the terrible war years. One day with a friend, after an air raid we discovered a chestful of books on Asia in the skeleton of a burned-out building. For me the contrast between the surrounding ravages of war and the beauty of another world in the pictures I saw in those books and in what I read there was so immense that almost at once I began to long to visit that other part of the world.

It took quite a time before longing turned into accomplishment of the dream. When I finally found my profession in film-making, after studying at Berlin's Free University, and later at Harvard University in the United States, it became possible for me to make my first film in Asia – in Japan. At that period it was quite difficult to obtain the necessary travel documents to enter China. Yet to me it became more and more clear that I simply had to see China – the magic Middle Kingdom whose achievements and culture had influenced life and thought in many parts of Asia, and indeed in parts of the non-Asian world at large.

My chance came later. I was making a series of films on famous photographers of the period, one of whom was Brian Brake of the renowned Magnum group, and it was he who learned of my interest in China and suggested when I was in Hong Kong that I should meet the British writer Nigel Cameron."

Nigel Cameron

To my surprise and pleasure, later that same afternoon Manfred suggested that we take the subject of my book and make a documentary film of it. Months later, in September, I went to Berlin with an outline script for the film, my luggage stuffed with pictures of the aspects of China and of those travellers whose visits there were to make Western life and achievements known to the virtually closed world of China; and whose reports when they returned home were to excite interest, amazement, and to set off many avenues of further study by subsequent other travellers and interested scholars in the West.

By some time in November, working with two cameramen and two rostrum cameras and the several hundred illustrations I had brought with me, the film was shot and a first editing done. To this I recorded a commentary to be translated into the German version and, shivering in my unsuitable lightweight clothes, I flew back to Hong Kong.

The film we made was called *Wer den Drachen reizt – He Who Wakes the Dragon*. It was a considerable success on European television. It also succeeded in increasing Manfred Durniok's already large interest in China. He showed the film to the Chinese embassy officials and later received his first visa to visit the land of his long-ago childish vision amid the ruins of Berlin.

Since those early days, Manfred Durniok has gone on to carve for himself a place in the history of film-making, not only in documentary but also in feature films. He has produced films worldwide and many of these films have participated in major international film festivals. To date, his films have received more than fifty national and international awards. The best known of these may be *Mephisto*, for which he was awarded the Academy "Oscar" for the Best Foreign Language Film.

But aside from his successes in the world of western film – in the words of the great Chinese film director, Wu Yigong, "on many visits to China he has seen great changes in its film industry. He has also pioneered the film exchange between China and Germany, having discovered the wealth of Chinese films decades before others in his field had found their way to China."

In addition to documentaries he has done in other parts of the world, he has made documentaries on Chinese life, its landscape and people. Honed in the intricacies of film-making, he has captured facets of Chinese life – and his books – *Faces of China* and *The Changing Faces of China* – are social documents.

Mrs. Yu Yuxi of the China Film Corporation, Peking, writes: "In the early seventies Chinese films were virtually unheard of in Europe, and most people did not even know that China was producing films at all. It was toward the end of the Cultural Revolution when a young, good-looking man arrived at the Peking Railway Station from Canton. Manfred Durniok came for the first time to China. Nowadays, many Chinese film-makers know Manfred Durniok well, and when they hear that he will be in China again they say: '*Lao Du*, our old dear friend,' as is our Chinese custom."

"With a film connoisseur's eye," says Wu Yigong, "Manfred Durniok has selected the best films from the most brilliant directors ... and has succeeded in promoting Chinese films in Germany and other countries." Chinese films "are no longer just included in special screenings, but have become some of the main fare of retrospectives and festivals."

With Wu Yigong, Manfred went on to make *Hotel Shanghai* based on a novel of Vicki Baum. And in later years the fascination and expertise of Chinese animation films has been co-opted by him in full-length films not only on Chinese but also on Western subjects. Manfred writes on this: "After numerous visits to China through the years, I produced and made a number of documentaries and features which supported a better understanding of China. Films can be excellent ambassadors for a country. The wonderful experiences I've had in different towns and cities in China, and the warmth of many Chinese people, inspired me to create a place in my home city of Berlin so that people who have never had the chance to visit China, or Asia, might have an introduction to Chinese culture ... and a better feeling for different peoples and their cultures. This was the idea behind the concept of the *Garden of Full Moon Harmony* in Berlin. The idea came to me when Berlin was still a divided city. I wanted especially to make the *Garden* accessible to my fellow Berliners."

In 1999 the Chinese Government conferred on Manfred Durniok an outstanding honor; they made him one of the few Honorary Citizens of Peking on his one hundredth visit to the country. "With the construction of the Chinese Garden", he writes, "I feel that I have fulfilled that long-ago dream which was born out of the ashes of war."

Through his work in film he has also become a singularly successful ambassador for both German and Chinese cultural relations and understanding.

CHINESE GARDENS

Chinese Gardens, and Chinese ideas of what makes for a fine garden, have a long and consistent history. Chinese literature on the subject is equally long, with the first recorded example dating from the Qin through the following Han dynastic period (between the late 3rd century BCE and the beginning of the 3rd century CE). The original impetus came from the self-styled First Emperor, Qin Shi Huangdi - he of the massive ceramic army partly excavated some years ago outside the then capital city of Xian.

This *Shanglin Yuan* (*yuan* is Chinese for garden), as it was named, was well over ten kilometers in circumference. It was such a grandiose undertaking that the work was far from finished by the time of the Emperor's death and was completed in the ensuing Han dynasty. In the *Shanglin Yuan* were manmade lakes, one of which, the *Kunming Lake*, covered 300 hectares. The whole area was furnished with many palatial structures whose architecture and uses were to serve as the model for a numerous succession of Imperial gardens throughout the following centuries. The latest of those, the *Yihe Yuan* (*Garden for Nurturing Harmony*, familiar to visitors to Peking as the Summer Palace), was built from 1888 onward.

The Garden of Full Moon Harmony, constructed in the manner of its predecessors in the imperial classical or scholar-style, takes the general form of the Summer Palace which the Chinese call a *li gong* – "a palace away from the palace," where, in fine weather the imperial family and the court could retreat from the formality of the urban palace and find leisure and pleasure in a completely different rural, even if manmade, rural environment: yet one with all the amenities of the official city palace. The essential difference between all the Imperial city palaces and all the *li gong* was that, in conformity with the rule of strict Confucian principles which directed the official life of every Chinese (be he Emperor or commoner), the City palace followed the rectilineal stereotype in its layout, whereas the *li gong* exemplified the Daoist relaxed attitude to nature and the need for man to live in conformity with it. The Imperial Palace in the centre of Peking is in this respect no more than a hugely expanded and magnificent piece of architecture basically similar in concept and form to the ordinary *hutung* or courtyard house of the populace in dynastic times, but achieved on a massive, aristocratic scale.

The subject of Chinese gardens first came to the notice of Western society in the eighteenth century. The information, contained in a letter from a Jesuit priest named Attiret employed by the *Qianlong Emperor* of China as a painter in the Imperial Palace at Peking, sparked a mixture of generally unfavourable reactions ranging from outright condemnation to sheer incomprehension. To understand this it should be recalled that from the time of the ancient dynasties of Pharaonic Egypt and onward through the gardens of the Moghal emperors of India, and in western Europe in general, the pleasure grounds of emperors and kings had slavishly followed a strict rectangular layout. Within their straight lines nature was regimented. Trees stood in military rows marking the recession to the horizon; flowers and shrubs bloomed and greened in their alotted square or rectangular beds. Even water, perhaps nature's least static element, was led through the mouths of fanciful creatures into still, stone-bound pools, tamed in rigid rectangles reflecting the surrounding geometry of an equally tamed natural setting. The finest examples were to be seen in the gardens of the great Louis XIV palace of Versailles, and in many a lesser garden in England. The casual delights of nature, in those ages of authoritarian rule, were universally forced into patterns quite the reverse of those in the wild-demonstrating, if demonstration were needed, to all and sundry the power of the great not only over humanity but over Nature herself.

No wonder, then, that Father Attiret's letter describing the emperor's *li gong* named *Yuanming Yuan* (*Garden of Perfect Brightness*) outside his capital at Peking with its apparent defiance of the accepted laws immutably governing great gardens caused astonishment in the set mind of the West. In his letter of 1749, Attiret described what amounted to a revolutionary horticultural approach by no less than the rulers of great mysterious China. Attiret wrote of clear streams meandering through gentle valleys between soft hills whose slopes held random plantings of plum and willow threaded by wandering paths in a manmade but sweetly natural landscape. Here and there were pavilions, here great curiously formed outcrops of rock as if of miniature mountains placed with such naturalness, but undoubted art, that you would almost suppose them to be the results of Nature's own contriving. Here and there were "pleasure houses", each different, each containing a collection of antiquities such as books and "objects of virtue": Linking them were zig-zag bridges on which at suitable points were small gazebos to "afford the most engaging prospects to the wanderer."

Streams and rivulets ran down to form wide lakes and waterways, one lake nearly five miles round. "But what is the most charming thing of all is an island ... in the middle of this sea, raised in a natural or rustic manner about six feet above ... the water. On this there is a little palace which, however, contains a hundred ... apartments ... From it you have a view of all the palaces scattered at proper distances round the shores of this sea ..."

Father Attiret, cautious man, added in anticipation of Western reaction to his idyllic scene: "Anyone who has just come from seeing the buildings in France and in Italy is apt to have little taste or attention for whatever he may meet in other parts of the world." But he found the gardens and all they contained "truly great and beautiful," adding that perhaps his sojourn in China had so accustomed his senses that they were "grown a little Chinese". But he pointed out that the *dwellings* of all, from emperor to common people, were executed with strict regard to geometric order. And indeed at a glance at the plan of the Peking Imperial Palace reveals its regular geometric layout, strictly in conformity with Confucian principle.

The Summer Palace, a little to the west outside Peking, is the successor to the *Yuanming Yuan* that Fr. Attiret celebrated in the mid-eighteenth century, laid out on orders of the last powerful dynastic ruler of China, the Empress Dowager Cixi, in grand traditional style. The Chinese character *yuan*, meaning garden, gives some rudimentary clues to what a garden means and has meant in history. Within a large square lie elements meaning "building" or "pavilion", and a smaller square signifying a "pool" or "lake". These and other elements in the garden are carefully arranged, as Attiret sagely realised, in such a way as to imitate nature itself and go one better.

Gardens have always been thought of by Chinese as landscape painting in three dimensions. The phrase *feng jing ru hua* – "the scenery is like a painting" – is often used of a fine landscape, and gardens are an extension of this thought. They are made to act as a kind of outdoor living room, one which consists of the scenery conceived by the greatest painters, an idealised setting for both the necessities of life and leisure: an expression, quintissentially Chinese, of the good life.

The furnishing of this great outdoor living room consists of a pond or lake fringed with paths often partly covered, at least one island with an open-sided pavilion or *ting* on it to offer alternate views around. It may be reached by a many-arched or a zig-zag bridge. Other items include one-storey living accomodation, pavilions for leisure activities and for quite contemplation of the three-dimensional landscape painting in which the fortunate owners and their families and friends are seated.

There has to be a preferably low hill, often with a cluster of finely designed architecture on it and ideally there should be some more distant object such as a tall pagoda or a range of hills. The Ming dynasty writer Wen Zhengheng in the early seventeenth century remarked that gardens should be designed to reach a state of perfection such that wandering in them would make one "forget his age, forget to go home, and forget fatigue". Ji Cheng, the Ming gardener and author of *Yuan Ye*, Chinas most important piece of literature about the art of building gardens, captures something of the spirit of Chinese garden leisure: "When sweeping your paths take care of orchid shoots. They will send their fragrance in your rooms ... From summer shade in the woods, the song of the oriole starts; in the folds of the hills you suddenly hear a wood-cutter singing, and as a breeze springs from the cool of the trees, you will feel as though transported back to the realm of the emperor *Fuxi*." *Fuxi* is the Chinese Adam.

Another essential ingredient in the classic Chinese garden, one which borrows something from outside its confining walls, is rocks. The intention in their presence is manyfold. First they constitute a vertical element in what is for the most part a horizontal scene: second they bring one more aspect of the wild into the composite, wilderness both miniaturized and at the same time realistic even if in some ways tamed; and in material terms their permanence of presence acts as a kind of counterpoint to water – another ever-present necessity. The tallest of the composition of rocks is termed the "chief stone", while others, generally only two, are called "split peaks", enhancing the noble presence of the first. Odd as it may seem, in a process such as that of garden design, so controlled and responsive to the artist's intuitive-cum-intellectual approach, it was generally thought that the whole question of establishing the rocks was best left to the workers who, unimpeded by too much baggage of thought, arranged masterpieces of composition.

There is a place, of course, in the Chinese garden for vegetation. In China, both trees and flowers have historically been associated with various human qualities. The lotus, as the eleventh-century scholar Zhou Dunyi wrote, "emerges from the dirt but is not contaminated; it reposes modestly above the clear water ... It is the model for the 'superior man'."

And for Buddhists it remains as it did before the religion came from India to China two thousand years ago, the paradigm of the soul struggling up from the slime of our material world through the emotions (symbolised by the water), toward the final enlightenment of the pure air above. The peach tree, to take one more example, is regarded as bearing the fruit that imparts immortality; while pine, plum and bamboo – the Three Friends of Winter – are often planted together and form one of the common decorative subjects in the gamut of Chinese ceramics. The great poet Su Dongpo once said: "Better food without pork than life without bamboos." The bamboo, symbol of the true Confucian upright man, bends with every wind but does not break. And the pines, gaunt in old age, remind mankind of virtue triumphant. Not for an instant is the symbolism of each and every item in the Chinese garden to be overlooked in its ancient reminders of the fine things of life. An old Chinese jingle suggests in four brief lines the ultimate joys of the Chinese garden, pleasures which may be had in the countryside at large, but in the garden may be taken in the luxury and privacy of one's own reconstructed Nature throughout the turning seasons of the year.

Breezes in spring,
Flowers in summer,
Moon in autumn,
Snow in winter.

In its brevity, ringing with overtones and reminiscences and reminders of former country experiences, the quatrain is typical of the concision inherent in much Chinese poetry of greater accomplishment, yet it captures for the human Chinese heart something of the fundamental outlook on the functions of the garden.

An interesting and deeply ironic result of the knowledge of Attiret's description of the Chinese garden surfaced in the quite rapid move in the West toward informality and abandonment of the still old formal garden layout. By the end of the eighteenth century – in all but total misunderstanding of the Chinese concept of a garden – the English especially had begun to lay out gardens in which great rolling acres of turf stretched as far as the eye could see. Little streams were spanned by handsome if somewhat functionless bridges, and an occasional splash of waterfall was to be heard near a carefully planted copse. Usually the great house lay at some distance from all this, almost never bordering the artificial lake. And here and there an ill-proportioned Chinese pavilion rose in rather incongruous assertion of the mistaken Chinese garden idea.

In fact any Chinese who happened to encounter such new Western gardens would at worst have been bewildered, at best might have thought that the West had its own peculiar ideas about garden landscape. Indeed they had. But not Chinese ones. The whole concept of the Chinese garden reflects that fundamental Chinese inclination to go with Nature whenever that can be done. This Daoist message underlay the garden. Human beings were a part of Nature, differentiated from the rest of it as the evolutionary creatures to have attained the capacity for independent thought. They existed in isolation from the grand spread of vegetal and animal nature although part of it.

The Chinese view of humanity – one that in a huge and populous land they called the Middle Kingdom and operatively meant themselves – was one of some humility, and of pleasure at their place in the gamut of Nature. Mountain, stream and tree, offering in the ideal garden comfort and pleasure, at the same time underline humankind's intellectual isolation in parallel to its being an integral part of wider Nature ... We are powerful among men, they would say to themselves, but against and amongst the overwhelming grandeur and force of the natural landscape and the confining sea, humility is the most appropriate response. It was in this way of thinking and being that the Chinese painted their pictures of that multifarious land that is China, their human presence always tiny if resolute in its immensity. And as every garden was conceived as a landscape painting in real form, so each in a sense was a realisation, both emotional and intellectual, of that humility before Nature.

In this lay, and still lies, the Chinese garden's great achievement.

從夢想到現實

VOM TRAUM ZUR WIRKLICHKEIT

EINE EINFÜHRUNG VON NIGEL CAMERON

Stempel anlässlich des 100. Besuches von Manfred Durniok in China

DER GARTEN DER VOLLENDUNG DES MONDES

An einem Tag im Jahr 1967 saß ich in meinem Arbeitszimmer in Hongkong und betrieb Forschungen für mein neues Buch, das den Titel *Barbaren und Mandarine: Westliche Reisende in China. Ein Überblick über dreizehn Jahrhunderte* tragen sollte. Irgendwann am Nachmittag – ich sah gerade von meiner Schreibmaschine hoch und überdachte den Wert der Informationen, die meine Recherchen zu einem dieser Reisenden zu Tage gefördert hatten – klingelte das Telefon. „Hier ist Manfred Durniok", sagte der Anrufer. Der Name war mir bereits durch einen Freund bekannt, und später an diesem heißen Nachmittag kam mich Manfred Durniok besuchen.

Während unserer Unterhaltung sah ich mich durch sein Interesse an dem, was ich schrieb, veranlasst, ihm kurz die Geschichte zu erzählen, wie der Westen sich im Verlauf dieser langen Jahrhunderte Stück für Stück – wenn auch, bedingt durch die Abfolge dieser sehr unterschiedlichen Reisenden, auf eine sehr willkürliche Weise – ein stetig wachsendes Wissen über die überaus reiche, uralte und in ihrer Andersartigkeit kaum zu verstehende Zivilisation Chinas angeeignet hatte.

Im Gegenzug erfuhr ich etwas über den Werdegang meines Besuchers. Als er sich dreiunddreißig Jahre später daran erinnerte, legte er das Wesentliche schriftlich nieder: „Eigentlich war mein erstes Zusammentreffen mit Asien eher ein Albtraum als ein schöner Traum. Als Kind wuchs ich während der schrecklichen Kriegsjahre in den Ruinen Berlins auf. Eines Tages entdeckten ein Freund und ich nach einem Luftangriff in einem zerbombten und ausgebrannten Haus eine Kiste voller Bücher über Asien. Für mich war der Kontrast zwischen meiner vom Krieg geprägten Umwelt und der Schönheit einer anderen Welt, die ich auf Bildern in diesen Büchern sah und über die ich darin lesen konnte, so gewaltig, dass in mir gewissermaßen auf der Stelle der Wunsch aufkam, diesen anderen Teil der Welt zu besuchen.

Es dauerte ziemlich lange, bis ich meinen Traum realisieren konnte. Als ich endlich meine Berufung in der Filmbranche gefunden hatte, nachdem ich an der Freien Universität in Berlin und später an der Harvard University in den Vereinigten Staaten studiert hatte, bot sich mir die Gelegenheit, meinen ersten Film in Asien zu drehen – in Japan. Zu diesem Zeitpunkt war es recht schwierig, die notwendigen Reisedokumente für die Einreise nach China zu bekommen. Aber mir wurde immer mehr klar, dass ich China einfach sehen musste – das magische Reich der Mitte, dessen Leistungen und Kultur das Leben und Denken in vielen Teilen Asiens beeinflusst hatten und in der Tat auch in Teilen der gesamten nicht-asiatischen Welt.

Meine Chance kam später. Ich machte eine Filmreihe über bekannte Fotografen der Zeit. Einer von ihnen war der *Magnum*-Fotograf Brian Brake. Und er war es auch, der von meinem Interesse an China erfuhr und vorschlug, dass ich mich mit dem britischen Autor Nigel Cameron treffen sollte, wenn ich in Hongkong war."

Zu meiner Überraschung und Freude schlug Manfred im Verlauf des Nachmittags vor, aus dem Thema meines Buches einen Dokumentarfilm zu machen. Monate später, im September, fuhr ich nach Berlin mit einem groben Drehbuchentwurf für den Film. In meinem Gepäck hatte ich eine Unzahl von Bildern dabei mit Ansichten von China und jenen Reisenden, die mit ihren Besuchen dort ein Wissen über das westliche Leben und westliche Errungenschaften in diese normalerweise geschlossene Welt gebracht hatten – und deren Berichte bei ihrer Heimkehr Interesse und Erstaunen weckten und den Weg bahnten für die weiterführenden Forschungen, die von den nachfolgenden Reisenden und interessierten Gelehrten im Westen angestellt wurden.

Irgendwann im November, mit dem Einsatz von zwei Kameramännern und zwei Spezial-Kameras sowie den mehreren hundert Illustrationen, die ich mitgebracht hatte, war der Film abgedreht und der erste Schnitt konnte stattfinden. Ich nahm noch einen Kommentar auf, der für die deutsche Version übersetzt werden sollte, und flog in meinem zu leichten Sommeranzug fröstelnd zurück nach Hongkong.

Der Film, den wir gedreht hatten, hieß *Wer den Drachen reizt*. Er war ein großer Erfolg im europäischen Fernsehen. Und er war verantwortlich dafür, dass sich Manfred Durnioks ohnehin schon großes Interesse an China noch steigerte. Er zeigte den Film den Vertretern der chinesischen Botschaft und erhielt daraufhin sein erstes Visum, um das Land zu besuchen, von dem er vor

langer Zeit in den Ruinen Berlins die ersten kindlichen Vorstellungen entwickelt hatte.

Seit jenen Anfängen ist es Manfred Durniok gelungen, sich einen Platz in der Filmgeschichte zu erobern, nicht nur mit Dokumentationen, sondern auch mit Spielfilmen. Er hat auf der ganzen Welt Filme produziert, und viele davon haben an den großen internationalen Filmfestspielen teilgenommen. Bis zum heutigen Tag haben seine Filme mehr als fünfzig nationale und internationale Auszeichnungen erhalten. Sein bekanntester Film ist wohl *Mephisto*, für den er den „Oscar" in der Kategorie „Bester ausländischer Film" erhielt.

Aber es gibt nicht nur die Erfolge in der westlichen Filmwelt. Der große chinesische Filmregisseur Wu Yigong sagte über ihn: „Bei seinen vielen Besuchen hat er die enormen Veränderungen der chinesischen Filmbranche miterlebt. Er hat den Filmaustausch zwischen China und Deutschland initiiert, nachdem er die Vielfalt des chinesischen Films schon viele Jahre, bevor seine Kollegen den Weg nach China fanden, entdeckt hatte." Neben Dokumentationen, die er in anderen Teilen der Welt drehte, porträtierte er auch das Leben der Chinesen, die Landschaften und die Menschen in Dokumentarfilmen. Mit allen Finessen des Filmens vertraut, hat er die Facetten des chinesischen Lebens eingefangen, und seine Bücher *Gesichter Chinas* und *Gesichter Chinas im Wandel* sind Zeit- und Gesellschaftsdokumente.

Frau Yu Yuxi von der Nationalen Filmgesellschaft Chinas in Peking schreibt: „In den frühen siebziger Jahren waren chinesische Filme in Europa völlig unbekannt, und die meisten Leute wussten nicht einmal, dass China überhaupt Filme produzierte. Es war zum Ende der Kulturrevolution, als ein junger, gutaussehender Mann auf dem Pekinger Hauptbahnhof aus Kanton kommend eintraf. Dies war Manfred Durnioks erster Besuch in China. Heute kennen viele chinesische Filmemacher Manfred Durniok gut, und wenn sie hören, dass er wieder einmal nach China kommt, sagen sie: „‚Lao Du, unser alter lieber Freund', wie es bei uns in China Sitte ist."

„Mit Kennerauge", sagt Wu Yigong, „hat Manfred Durniok die besten Filme der brillantesten Regisseure ausgesucht ... und hat es geschafft, chinesische Filme in Deutschland und anderen Ländern zu fördern. Chinesische Filme werden nicht nur in Sonderblöcken gezeigt, sondern gehören jetzt zum Hauptprogramm von Retrospektiven und Festspielen."

Zusammen mit Wu Yigong hat Manfred *Hotel Shanghai* nach dem Buch von Vicki Baum gedreht. Und später wurden von ihm auch Streifen mit Spielfilmlänge – nicht nur mit chinesischen, sondern auch mit westlichen Themen – produziert, die den besonderen Zauber und die technische Perfektion chinesischer Trickfilme besaßen.

Manfred schreibt dazu: „Nach zahlreichen Besuchen in China im Verlauf der Jahre habe ich eine Reihe von Dokumentationen und Spielfilmen gedreht und produziert, die ein besseres Verständnis für China fördern sollten. Filme können hervorragende Botschafter eines Landes sein. Die wunderbaren Erfahrungen, die ich in verschiedenen kleinen und großen Städten in China gemacht habe, und die Warmherzigkeit vieler Chinesen haben mich inspiriert, in meiner Heimatstadt Berlin einen Ort zu schaffen, damit die Menschen, die nie eine Chance hatten, China oder Asien zu besuchen, die Gelegenheit haben, die chinesische Kultur kennen zu lernen ... und ein besseres Verständnis für andere Menschen und ihre Kulturen zu entwickeln. Das war die Idee hinter dem Konzept für den *Garten der Vollendung des Mondes* in Berlin. Die Idee kam mir, als Berlin noch eine geteilte Stadt war. Ich wollte den Garten ganz besonders meinen Berliner Mitbürgern zugänglich machen."

1999 erwies die chinesische Regierung Manfred Durniok eine ganz besondere Ehre – sie machte ihn bei seinem hundertsten Besuch im Land zu einem der wenigen Ehrenbürger Pekings. „Mit dem Bau des chinesischen Gartens", schreibt er, „habe ich das Gefühl, mir meinen vor so langer Zeit gehegten Traum, der aus der Asche des Krieges geboren wurde, erfüllt zu haben. Und ich hoffe, dass ich mit dem chinesischen Garten das Saatkorn für noch kommende Gärten anderer Länder in Berlin gepflanzt habe, damit ein besseres Verständnis für die Menschen aller Länder entsteht."

Durch seine Filmarbeit ist er zu einem außergewöhnlich erfolgreichen Botschafter für die kulturellen Beziehungen und das gegenseitige Verständnis zwischen Deutschland und China geworden. Als Beauftragter des Regierenden Bürgermeisters von Berlin für die Städtepartnerschaft Berlin-Peking fühlt er sich der Aufgabe verpflichtet, die Beziehungen zwischen den beiden Städten zu vertiefen. Manfred Durniok hat den Bau des chinesischen Gartens in Berlin-Marzahn initiiert. Wenn er in diesem Jahr 2000 fertig gestellt ist, wird er der größte seiner Art in Europa und mit Sicherheit eines der wichtigsten Vermächtnisse Manfred Durnioks für seine Heimatstadt sein.

CHINESISCHE GÄRTEN

Chinesische Gärten und chinesische Vorstellungen davon, was ein schöner Garten ist, haben eine lange und kontinuierliche Geschichte. Die chinesische Literatur zu diesem Thema hat eine ebenso lange Tradition, die ersten Aufzeichnungen von Beispielen sind aus der Qin- und der darauffolgenden Han-Dynastie (zwischen dem späten dritten Jahrhundert v. Chr. und dem Anfang des dritten Jahrhunderts n. Chr.) überliefert. Der ursprüngliche Anstoß dazu kam vom selbst ernannten Ersten Kaiser, Qin Shi Huangdi – dem Herrscher mit der gewaltigen Terrakotta-Armee, die vor einigen Jahren bei Ausgrabungen außerhalb der damaligen Hauptstadt Xian gefunden wurde.

Dieser *Shanglin Yuan* (*yuan* ist das chinesische Wort für „Garten"), wie er genannt wurde, hatte einen Umfang von mehr als zehn Kilometern. Es war eine solch grandiose Unternehmung, dass die Arbeiten beim Tode des Kaiser noch lange nicht beendet waren und die Fertigstellung erst in der folgenden Han-Dynastie erfolgte. Im *Shanglin Yuan* gab es angelegte Seen, von denen einer, der *Kunming*-See, eine Fläche von 300 Hektar bedeckte. Das ganze Gebiet war mit vielen palastähnlichen Bauten bestückt, die mit ihrer Architektur und Nutzung als Modelle für viele weitere kaiserliche Gärten in den folgenden Jahrhunderten dienen sollten. Der letzte davon, der *Yihe Yuan* („Garten zur Hege von Harmonie", der den Besuchern Pekings auch als Sommerpalast bekannt ist), wurde von 1888 an erbaut.

Der *Garten der Vollendung des Mondes*, der auf dieselbe Weise wie seine Vorgänger im kaiserlich-klassischen oder Gelehrten-Stil errichtet wurde, erhielt die allgemeine Form des Sommerpalastes, den die Chinesen *li gong* – ein „Palast außerhalb des Palastes" – nennen, wohin sich bei schönem Wetter die kaiserliche Familie und der Hofstaat aus der Förmlichkeit des Stadtpalastes zurückzogen und wo sie in einer völlig anderen, ländlichen, wenn auch künstlich angelegten Umgebung ohne alle Zwänge des offiziellen Stadtpalastes Zerstreuung und Erholung fanden. Der essenzielle Unterschied zwischen den kaiserlichen Stadtpalästen und den *li gong* war, dass in Übereinstimmung mit den strengen konfuzianischen Prinzipien, die das offizielle Leben aller Chinesen (ob Kaiser oder Untertan) regelten, die Stadtpaläste in ihrer Anlage einem geradlinig ausgerichteten Schema folgten, während der *li gong* die entspannte daoistische Einstellung zur Natur und das Bedürfnis der Menschen, mit ihr im Einklang zu leben, reflektierte. Der Kaiserliche Palast im Zentrum Pekings ist in dieser Hinsicht nichts anderes als ein sehr großflächiges, herrliches Stück Architektur, in Konzept und Form im Prinzip dem gewöhnlichen Haus mit Garten der Bevölkerung in der Zeit der Dynastien ähnlich, wenn auch in den der Aristokratie gemäßen gewaltigen Dimensionen.

Der chinesische Garten wurde erst im achtzehnten Jahrhundert ein Thema für westliche Gesellschaften. Ein Bericht darüber, der in einem Brief des Jesuitenpaters Attiret enthalten war, welcher als Maler im Kaiserlichen Palast von Peking im Dienst des Qian-

long-Kaisers von China stand, rief im Westen eine Reihe von grundsätzlich negativen Reaktionen hervor, die von offener Verurteilung bis zum kompletten Unverständnis reichten.

Um das zu verstehen, erinnere man sich daran, dass man sich seit der Zeit der Pharaonen-Dynastien im alten Ägypten und danach bei den Gärten der Moghal-Kaiser von Indien und ganz allgemein im westlichen Europa bei der Anlage der Lustgärten von Kaisern und Königen in sklavischer Weise an eine streng rechteckige Form gehalten hat. Durch ihre geraden Linien war die Natur reglementiert. Die Bäume standen militärisch aufgereiht in abfallender Linie zum Horizont; Blumen und Büsche blühten und sprossen in den ihnen zugeteilten vier- oder rechteckigen Beeten. Selbst das Wasser, das vielleicht am wenigsten statische Element der Natur, wurde durch die Mäuler bizarrer Figuren in stille, von Steinen eingefasste Teiche geleitet, in starren Rechtecken gezähmt, die die umgebende Geometrie einer ebenso gezähmten natürlichen Landschaft reflektierten. Die gelungensten Beispiele waren in den Gärten des großartigen Palastes von Louis XIV in Versailles und in vielen ganz gewöhnlichen Gärten in England zu sehen. Die willkürlichen Freuden der Natur wurden in jenen Zeiten autoritärer Herrschaft überall in Muster gezwängt, die genau das Gegenteil zur freien Natur darstellten. Sie demonstrierten, falls eine solche Demonstration notwendig war, allen und jedem die Macht der Großen, nicht nur über die Menschen, sondern auch über die Natur.

Kein Wunder, dass Pater Attirets Brief, in dem er den *li gong* des Kaisers mit dem Namen *Yuanming Yuan* („Garten der perfekten Helligkeit") beschrieb, welcher außerhalb der Hauptstadt in Peking lag und ganz offenbar im Widerspruch zu den akzeptierten Regeln zur Gestaltung großer Gärten stand, so viel Erstaunen im Westen mit seinen vorgefassten Meinungen auslöste. In seinem Brief von 1749 beschrieb Attiret etwas, was letztlich in revolutionären Ideen zur Gartengestaltung gipfelte, von keinen Geringeren als den Herrschern über das große geheimnisvolle China entwickelt. Attiret berichtete von klaren Bächen, die zwischen leicht ansteigenden Bergen, auf deren Abhängen sich vereinzelte Anpflanzungen von Pflaumenbäumen und Weiden befanden und die von Wanderpfaden durchzogen wurden, durch sanfte Täler flossen, und das alles in einer von Menschen angelegten und doch natürlich wirkenden Landschaft. Hier und da gab es Pavillons, es ragten Felsen heraus, als ob sie Teil eines Miniaturgebirges wären, das, obwohl unzweifelhaft ein künstliches Gebilde, mit einer solchen Natürlichkeit dahin gesetzt wurde, dass man sie für ein Werk der Natur selbst halten konnte. Hier und dort gab es „Lusthäuser", jedes war anders und jedes enthielt eine Sammlung von Antiquitäten wie Bücher und „Objekte der Tugend". Sie waren erreichbar über Zickzack-Brücken, auf denen an geeigneten Stellen kleine Pavillons standen, um „dem Wanderer die schönsten Aussichten zu gewähren".

Bäche und Rinnsale ergossen sich in große Seen und Wasserwege, ein See war fast acht Kilometer im Umfang. „Aber das schönste von allem ist eine Insel ... in der Mitte dieses Sees, die sich auf natürliche oder andere Weise etwa zwei Meter aus dem See emporgehoben hat. Auf ihr steht ein kleiner Palast, der gleichwohl etwa einhundert Zimmer enthält. Von dort aus hat man einen Blick über alle Paläste, die in gebührender Entfernung voneinander am Ufer des Sees verstreut sind."

Pater Attiret fügte als vorsichtiger Mann in Erwartung der westlichen Reaktionen auf diese idyllische Szenerie hinzu: „Jeder, der sich gerade die Gebäude in Frankreich und Italien angesehen hat, wird vermutlich wenig Vorliebe oder Aufmerksamkeit haben für das, was er in anderen Teilen der Welt zu sehen bekommt." Aber er fand die Gärten und alles, was sie enthielten, „wahrhaft großartig und schön" und fügte hinzu, dass sich durch seinen Aufenthalt in China seine Sinne so angepasst hatten, dass sie vielleicht „ein bisschen chinesisch geworden waren". Aber er wies darauf hin, dass die Wohngebäude aller, vom Kaiser bis zum Untertan, nach strengen geometrischen Regeln gebaut wurden. Und in der Tat, wenn man sich den Plan von Pekings Kaiserpalast ansieht, offenbart sich seine streng geometrische Anlage, die ganz in Übereinstimmung mit den konfuzianischen Prinzipien steht.

Der Sommerpalast, etwas westlicher außerhalb Pekings gelegen, ist der Nachfolger des *Yuanming Yuan*, den Pater Attiret in der Mitte des achtzehnten Jahrhunderts so begeistert beschrieb. Er wurde auf Anordnung der letzten mächtigen Herrscherin von China, der Kaiserinwitwe Cixi, im prächtigen traditionellen Stil angelegt. Das chinesische Schriftzeichen *yuan*, das für „Garten" steht, gibt Hinweise darauf, was ein Garten bedeutet und in der Geschichte bedeutet hat. Innerhalb eines Gevierts liegen Elemente mit der Bedeutung „Gebäude" oder „Pavillon", und ein kleineres Viereck stellt einen „Teich" oder „See" dar. Diese und andere Elemente im Garten sind sorgfältig arrangiert, sodass sie – wie Attiret weise erkannte – die Natur selbst imitieren und diese noch übertreffen.

Gärten wurden von den Chinesen schon immer als dreidimensionale Landschaftsbilder aufgefasst. Eine schöne Landschaft wurde häufig mit den Worten *feng jing ru hua* – „die Landschaft ist wie ein Gemälde" – beschrieben, was bedeutet, sie könnte der anerkannten Ordnung und Perfektion einer guten chinesischen Landschaftsmalerei nahe kommen. Und was die Gärten betrifft, so sollten sie dreidimensionale Kopien der besten Landschaften auf chinesischen Gemälden sein. Gärten werden angelegt, um als eine Art Wohnzimmer in freier Natur zu dienen. Ein Garten sollte die Landschaft wiederspiegeln, wie sie die großartigsten Maler Chinas sich vorstellen. Ein idealisierter Ort für die Bedürfnisse des Lebens und der Muße: ein klassischer chinesischer Ausdruck des guten Lebens.

Die Möblierung dieses großen Wohnzimmers im Grünen besteht aus einem Teich oder See mit Uferwegen, die oft teilweise verdeckt sind, und wenigstens einer Insel mit einem an einer Seite offenen Pavillon oder *ting* darauf, von dem sich ein Rundblick bietet. Eine Bogen- oder Zickzack-Brücke verbindet die Brücke mit dem Ufer. Weitere Bauelemente sind ein einstöckiges Wohnhaus und Pavillons für Freizeitaktivitäten und zum stillen Nachdenken über das dreidimensionale Landschaftsbild, in dem sich der glückliche Besitzer mit seiner Familie und mit Freunden aufhält.

Im Garten muss es einen vorzugsweise niedrigen Hügel geben, oft mit einer Ansammlung eleganter Architektur darauf, und idealerweise sollten weiter entfernte Objekte vorhanden sein, wie zum Beispiel eine hohe Pagode oder eine Hügelkette. Der in der Ming-Dynastie lebende Autor Wen Zhengheng empfahl im frühen siebzehnten Jahrhundert, Gärten so anzulegen, dass man aufgrund des dabei erreichten Grades an Perfektion beim Spaziergang darin „sein Alter, sein Zuhause und die eigene Müdigkeit vergessen würde". Ji Cheng, der Ming-Gärtner und Autor von *Yuan Ye*, Chinas wichtigstem Klassiker über die Kunst des Gartenbaus, hat etwas von der Atmosphäre des Müßiggangs in einer chinesischen Gartenanlage eingefangen: „Wenn du die Pfade entlang läufst, gib auf die Orchideentriebe Acht. Sie werden ihren Duft in deine Wohnräume schicken ... Aus dem Sommerschatten in den Wäldern ertönt das Lied des Pirols, in den Senken der Hügel hörst du plötzlich einen Holzfäller singen, und während eine kühle Brise von den Bäumen herüberweht, hast du das Gefühl, als hätte man dich in das Reich des Kaisers Fuxi zurück versetzt." Fuxi ist der chinesische Adam.

Ein weiterer unabdingbarer Bestandteil der Konzeption einer klassischen chinesischen Gartenanlage ist ein Austausch mit der Umgebung der Anlage. Der Garten borgt sich Elemente daraus wie Felsen oder Felsformationen. Mit ihrer Aufnahme sind verschiedene Absichten verknüpft. Zum einen verkörpert ein Fels das vertikale Element in einer meist horizontalen Szenerie. Zum anderen fügt er der Komposition einen weiteren Aspekt der freien Natur hinzu: Wildnis in verkleinertem Maßstab, die trotzdem realistisch wirkt, wenn auch etwas gezähmt. In seiner Materialität stellt der Fels überdies eine Art Gegenpol zum Wasser dar – ein weiteres unabdingbares Element. Die höchste der Felskompositionen wird als „Haupt-Stein" bezeichnet, während die anderen, im Allgemeinen jeweils nur zwei Felsen, „gespaltene Gipfel" genannt werden, die dazu dienen, die noble Präsenz des ersteren hervorzuheben. So seltsam es scheinen mag: Bei der Anlage eines Gartens, die nach so strengen Vorgaben ausgeführt wurde und die der intuitiven wie auch intellektuellen Auffassung des Künstlers Rechnung zu tragen hatte, überließ man das Arrangement der Felsen den gewöhnlichen Arbeitern, die unbelastet von der Bürde zu vielen Denkens wahre Meisterkompositionen arrangierten.

Natürlich ist im chinesischen Garten auch Raum für die Vegetation. In China wurden Bäume und Blumen schon immer mit den verschiedenen menschlichen Qualitäten assoziiert. „Der Lotos", schrieb Zhou Dunyi, ein Gelehrter des 17. Jahrhunderts, „sprießt aus dem Schmutz hervor, ohne verunreinigt zu sein, er ruht sittsam über dem klaren Wasser ... Er ist das ‚Modell des edlen Menschen'." Und für Buddhisten ist er schon seit der Zeit, bevor diese Religion vor zweitausend Jahren von Indien nach China kam, das Symbol für die Seele, die aus dem Schlamm unserer materiellen Welt heraus und durch die Emotionen (symbolisiert durch das Wasser) hindurch nach der endgültigen Erleuchtung der reinen Luft über uns strebt. Der Pfirsichbaum, um ein weiteres Beispiel zu nennen, wird als Träger einer Frucht angesehen, die Unsterblichkeit verleiht, während Kiefer, Pflaume und Bambus – die drei Freunde des Winters – oft zusammen angepflanzt werden und eines der häufigsten Dekormotive der chinesischen Keramik sind. Der große Poet Su Dongpo sagte einmal: „Besser Nahrung ohne Schweinefleisch als das Leben ohne Bambus." Der Bambus, Symbol des ehrbaren, wahrhaft konfuzianischen Menschen, biegt sich im Wind, ohne zu brechen. Und die Kiefern, knorrig im Alter, erinnern die Menschheit an den Sieg der Tugend. Der symbolische Gehalt eines jeden Details im chinesischen Garten – jeweils eine uralte Erinnerung an die Schönheiten des Lebens – darf keinen Moment aus den Augen verloren werden. Ein altes chinesisches Liedchen beschreibt in vier kurzen Zeilen die höchsten Freuden des chinesischen Gartens, Freuden, die man zwar generell auch in der freien Natur, zu allen Jahreszeiten aber im Luxus und in der Privatsphäre der eigenen nachgebildeten Natur genießen kann:

Laue Lüfte im Frühling
Blumen im Sommer
Mondschein im Herbst
Schnee im Winter.

In seiner Knappheit und indem er die Erinnerung an Erlebnisse in ländlicher Natur anklingen lässt, ist der Vierzeiler typisch für die Prägnanz, die dem Großteil der anspruchsvollen chinesischen Poesie eigen ist. Trotz dieser Knappheit sagen die Verse für die chinesische Seele viel über die grundlegenden Erwartungen an einen Garten aus.

Nachdem Attirets Beschreibung des chinesischen Gartens bekannt geworden war, ergab sich im Westen daraus als interessante und äußerst ironische Folge die Aufgabe der herkömmlichen steifen Gartengestaltung und die relativ schnelle Hinwendung zu einer ungezwungenen Haltung. Zum Ende des achtzehnten Jahrhunderts hatten besonders die

Engländer in totalem Unverständnis des chinesischen Gartenkonzeptes angefangen, Gärten anzulegen, in denen sich sanft geschwungene Rasenflächen so weit erstreckten, wie das Auge reichte. Kleine Bäche wurden mit hübschen, wenn auch eher nutzlosen Brücken überspannt, und gelegentlich war ein Wasserfall neben einem sorgfältig angepflanzten Gehölz anzutreffen. Gewöhnlich lag das große Wohnhaus in einiger Entfernung von all dem und fast nie am künstlich angelegten See. Und hier und dort erhob sich ein schlecht proportionierter, nicht harmonierender chinesischer Pavillon als bester Beweis dafür, dass die chinesische Gartenidee gründlich missverstanden worden war.

In der Tat wäre jeder Chinese, der einen solchen neuen westlichen Garten sah, im schlimmsten Fall verwirrt und im besten Fall geneigt gewesen zu glauben, dass der Westen seine eigenen seltsamen Vorstellungen über Gartengestaltung hatte. Und das traf auch zu. Es waren nur keine chinesischen.

Das Konzept des chinesischen Gartens als Ganzes reflektiert die fundamentale Neigung der Chinesen, sich der Natur anzupassen, wann immer es möglich ist. Auf diesem daoistischen Prinzip basiert der Garten. Menschen waren ein Teil der Natur und unterscheiden sich von allen anderen Geschöpfen dadurch, dass sie die einzigen evolutionären Wesen sind, die die Fähigkeit zum unabhängigen Denken entwickelt haben. Obwohl ein Teil von ihr, existieren sie isoliert von der Vielfalt der pflanzlichen und tierischen Natur.

Das chinesische Verständnis von Menschheit – in einem riesigen und bevölkerungsreichen Land, das von seinen Einwohnern selbst das „Reich der Mitte" genannt wurde – war geprägt von einer gewissen Demut und von der Freude, einen Platz in der Mannigfaltigkeit der Natur zu haben. Berge, Ströme und Bäume, die im idealen Garten Behaglichkeit und Freude bieten, betonen die intellektuelle Isolation der Menschheit, die ja zugleich ein Bestandteil der großen Natur ist. Wir sind mächtig unter Menschen, sagten sie sich, aber angesichts der überwältigenden Pracht und Kraft der natürlichen Landschaft und des angrenzenden Meeres ist Demut die angemessenste Haltung. Mit dieser Einstellung und Denkweise malten die Chinesen ihre Bilder dieses so abwechslungsreichen Landes, dessen Unermesslichkeit genauso hervorgehoben wurde wie die Winzigkeit der in ihnen dargestellten Menschen. Und da jeder Garten eigentlich als ein Landschaftsbild in natura angesehen wurde, war er in diesem Sinne sowohl emotional als auch intellektuell gewissermaßen eine Realisierung dieser Demut vor der Natur.

Darin lag und liegt die große Leistung des chinesischen Gartenbaus.

幽閑

Muße

BAI JUYI (772-846)

Bald sitz ich still unter Fichten,
bald schreit ich den Weiher entlang –
sitze und steh, liege und geh
ganz ohne Zwang.

Was kümmert's mich, dass entgleiten
die Jahre und grau wird mein Haar.
Ich fühl nur mein Herz sich weiten
Jahr für Jahr.

Hätt mich die Welt nicht geächtet
und schmählich zur Ruhe gesetzt,
wär ich bis heute geknechtet,
und nie hätt ich Muße wie jetzt.

CHINESISCHE GÄRTEN – IMPRESSIONEN UND ASSOZIATIONEN

Gingo biloba

AUS DEM ERSTDRUCK DES WEST-ÖSTLICHEN DIVANS
VON JOHANN WOLFGANG VON GOETHE (1749-1832)

Dieses Baum's Blatt, der von Osten
Meinem Garten anvertraut,
Gibt geheimen Sinn zu kosten,
Wie's den Wissenden erbaut.

Ist es Ein lebendig Wesen?
Das sich in sich selbst getrennt,
Sind es zwey? die sich erlesen,
Daß man sie als eines kennt.

Solche Fragen zu erwiedern
Fand ich wohl den rechten Sinn;
Fühlst du nicht an meinen Liedern
Daß ich Eins und doppelt bin?

WELCOME

Natürlich braucht ein Künstler eine gute Technik, aber noch viel wichtiger für ihn ist, progressive Ideen und einen noblen Charakter zu haben. Seine Arbeit mag die Form eines Gemäldes oder einer Skulptur annehmen, aber eigentlich ist sie ein Ausdruck seiner Gedanken und seines Charakters. Wenn wir sie uns ansehen, genießen wir sie nicht nur, sondern werden von ihr bewegt und beeinflusst.

LU XUN (1881-1936)

蝴蝶之夢

Schmetterlingstraum

ZHUANGZI (ca. 335-275 v. Chr.)

Einst träumte Dschuang Dschou, dass er ein Schmetterling sei, ein flatternder Schmetterling, der sich wohl und glücklich fühlte und nichts wusste von Dschuang Dschou. Plötzlich wachte er auf: Da war er wieder wirklich und wahrhaftig Dschuang Dschou. Nun weiß ich nicht, ob Dschuang Dschou geträumt hat, dass er ein Schmetterling sei, oder ob der Schmetterling geträumt hat, dass er Dschuang Dschou sei, obwohl doch zwischen Dschuang Dschou und dem Schmetterling sicher ein Unterschied ist. So ist es mit der Wandlung der Dinge.

Die größten Aufgaben der Regierung
sind Gesetz und Bildung.
Bildung ist die Umwandlungskraft von Yang;
Gesetz ist die Verkörperung von Yin.
Gutherzig ist der, der sie schätzt,
rechtschaffen der, der sich daran hält,
lobenswert der, der sie praktiziert,
treu der, der sie befolgt,
und weise der, der das weiß.

XUN YUE (148-209)

畫中女郎

Die Frau auf dem Bild

VOLKSERZÄHLUNG

Zhao Yan, ein Gelehrter in der Tang-Dynastie, hatte ein Gemälde, an dem er sehr hing: das Bild einer wunderschönen Frau.

„Eine so schöne Frau kann man auf der ganzen Welt nicht finden", sagte er zu dem Künstler. „Ich würde sie heiraten, wenn sie wirklich existierte."

„Sie kann reale Existenz erlangen", sagte der Künstler. „Ihr Name ist Zhen Zhen. Sie ist eine göttliche Schönheit. Rufe ihren Namen Tag und Nacht für hundert Tage, und sie wird antworten. Schütte ihr etwas Wein in den Mund, sobald sie auf deine Rufe reagiert, und sie wird menschliche Gestalt annehmen."

Zhao Yan fing am nächsten Tag damit an, Zhen Zhen zu rufen. Er rief hundert Tage lang ihren Namen, Tag und Nacht ohne Unterbrechung. Am hundertsten Tag antwortete die Frau mit „ja".

Zhao goss schnell etwas Wein in ihren Mund. Plötzlich bewegte sich ihr Körper. Sie kam aus dem Gemälde herausgelaufen und fing an zu reden und zu lächeln.

„Danke, dass du mich gerufen hast", sagte sie. „Ich bin bereit, deine Frau zu werden."

Sie aß und trank wie ein ganz gewöhnlicher Mensch. Ein Jahr später gebar sie ihm einen Sohn.

Zwei Jahre waren vergangen, als Zhao einen alten Freund auf der Straße traf. „Diese Frau muss ein Geist sein", sagte der Freund. „Früher oder später wird sie dir schaden. Lass mich dir ein magisches Schwert geben, mit dem du sie töten kannst."

Am selben Abend ließ der Freund Zhao das Schwert bringen.

„Ich muss dir Lebewohl sagen, mein Lieber", sagte Zhen Zhen in dem Moment, als Zhao den Raum betrat, und ihr rollten Tränen über die Wangen. „Ich bin die Göttin des Berges Heng im Süden. Der Künstler malte mich auf das Bild und dann hast du meinen Namen gerufen. Ich habe dich geheiratet, weil du es gewünscht hast. Aber da du jetzt mir gegenüber misstrauisch bist, kann ich nicht länger mit dir zusammenleben."

Daraufhin nahm sie ihren Sohn und ging zurück in das Gemälde, wobei sie den Wein ausspie, den sie damals getrunken hatte. Das Gemälde wurde wieder so wie das Original, nur dass jetzt ein kleiner Junge hinzugekommen war.

Ein großes Problem auf unserer Welt ist, dass die Menschen Angst haben, ausgelacht zu werden. Sie fürchten sich, dass sich andere über sie lustig machen, wenn sie keine Pferde und Wagen haben, wenn sie einfache Kost zu sich nehmen oder billige Kleidung tragen oder wenn sie arm und von niederem Stand sind. Ihnen ist nicht klar, dass jeder nach dem für ihn geltenden Prinzip leben sollte und nach dem für ihn geltenden Prinzip sterben sollte. Man sollte es nicht bedauern, wenn man heute sehr viel besitzt und morgen alles aufgeben muss oder wenn man heute Reichtum und Ehre genießt und morgen hungern muss.

ZHAN ZAI (1020-1077)

Weder Feuer noch Wind,
weder Geburt noch Tod können unsere guten Taten auslöschen.

Neither fire nor wind,
birth nor death can erase our good deeds.

BUDDHA (um 560-480 v. Chr.)

Wenn die Menschen rechtschaffen sind,
wird die Regierung blühen;
wenn die Menschen verdorben sind,
wird die Regierung kränkeln.
Die Menschen müssen in Regierungsangelegenheiten
ebenso eifrig sein, wie die Erde es ist,
um alles wachsen zu lassen.
Dann werden ihre Regierungen wie Schilf wachsen
und gedeihen. Deshalb hängt die Regierungsführung
von den rechtschaffenen Menschen ab.

VOLKSWEISHEIT (ca. 2. Jh. v. Chr.)

Hundert Siege in hundert Schlachten davonzutragen
ist nicht die höchste Leistung; die höchste Leistung ist es,
die Feindesarmee zu bezwingen, ohne gekämpft zu haben.
Deshalb ist es die beste Militärpolitik, Strategien anzugreifen,
als nächstes Allianzen anzugreifen, danach Soldaten anzugreifen,
und das Schlimmste ist, befestigte Städte anzugreifen.

SUNZI (um 500 v. Chr.)

美婦

Die schöne Frau

EINE GROSSE LIEBESGESCHICHTE, DIE SICH VOR VIERHUNDERT JAHREN ZUTRUG UND SEITHER GENERATIONEN VON CHINESEN ZU BEIFALL, SEUFZERN, MISSBILLIGUNG UND BEWUNDERUNG VERANLASST HAT.

Zu den Stoffen der klassischen chinesischen Literatur gehört auch die Geschichte von der schönen Frau. Diese Liebesgeschichte hat Generationen von Chinesen bewegt und die unterschiedlichsten Empfindungen hervorgerufen. Die Nacherzählungen treffen sicherlich nicht alle Nuancen des Originaltextes, aber sie geben das Geschehen und seinen tragischen Ausgang überzeugend wieder.

Im Jahr 1592 marschierte der japanische General Toyotomi Hideyoshi in Korea ein. Der König von Korea bat in seiner Bedrängnis China um Hilfe. Die damals regierende Ming-Dynastie gewährte den erbetenen Beistand, doch die Entsendung von Truppen wollte finanziert sein. So entstand der Plan, Studienplätze in Peking und Nanking zu verkaufen. Das war ein aussichtsreiches Unternehmen, denn erfolgreichen Absolventen der Kaiserlichen Universität stand eher als allen anderen Bewerbern der Weg in den begehrten höheren Staatsdienst offen.

Einer der Studenten, die sich einen Studienplatz an der Kaiserlichen Universität zu Peking kauften, war Li Jia. Seine Familie, die in der heutigen Provinz Zhejiang im Osten des chinesischen Reiches lebte, war wohlhabend. Der Vater bekleidete das Amt des Schatzmeisters in der Provinzregierung. In Peking begegnete Li seinem Freund Liu Yuchun. Auch Liu stammte aus Zhejiang und war zum Studium nach Peking gekommen.

Die beiden Studenten begannen, in ihrer Freizeit die Freudenhäuser der Stadt aufzusuchen. In einem dieser Häuser begegnete Li einem wunderschönen neunzehnjährigen Mädchen namens Du Wei. Du war schon im Alter von dreizehn Jahren zum Freudenmädchen geworden und hatte seither mit ihren Reizen eine große Zahl junger Männer verführt. Li Jia hatte noch nie ein Geschöpf von so hinreißender Schönheit kennen gelernt. Er machte Du Wei leidenschaftlich den Hof. Du Wei fühlte sich zu ihm hingezogen. Der Student aus Zhejiang war freundlich, großzügig und zuvorkommend, überdies sah er gut aus. Du Wei hatte schon seit langem vor, ihr Leben zu ändern, und da sie spürte, wie ergeben Li ihr war, wollte sie ihn heiraten. Die beiden liebten sich innig und verbrachten Tag und Nacht gemeinsam, so als seien sie bereits Mann und Frau. Li konnte Du Wei jedoch nicht ohne die Zustimmung seiner Eltern heiraten. Es kann nicht wundernehmen, dass Du Wei aus Liebe zu Li keine Kunden mehr empfing. Li verwöhnte sie so großzügig, dass die Inhaberin des Freudenhauses ihm freundlich gesonnen war. Als aber Li nahezu seine gesamte Barschaft ausgegeben hatte und die Großzügigkeit ein Ende nahm, schwand auch die Freundlichkeit der Freudenhausbesitzerin.

Lis Vater, ein gestrenger Herr, vernahm, auf was sein Sohn sich in Peking eingelassen hatte. Er befahl ihm, unverzüglich heimzukehren. Doch Li war bis über beide Ohren in das Mädchen verliebt und dachte nicht daran, als gehorsamer Sohn die Heimreise anzutreten. Li war nun ein armer Bursche, doch Du Wei liebte ihn umso mehr. Die Inhaberin des Freudenhauses missbilligte die Situation. Sie befahl Du Wei, ihre Verbindung mit Li schleunigst zu lösen. Du Wei aber fügte sich nicht. Nun begann die Herrin des Hauses, Li selbst zu beschimpfen, doch Li stellte sich taub und ließ sich nicht vertreiben.

„In unserem Gewerbe", belehrte die Inhaberin Du Wei, „leben wir von dem Geld, das unsere Kunden uns ins Haus tragen. Je mehr Freier zu uns kommen, desto mehr Geld verdienen wir. Li ist nun schon ein ganzes Jahr hier. Frühere Kunden lassen sich nicht mehr blicken, und von neuen Kunden will ich gar nicht erst reden! Bald sieht es schlecht aus mit uns!"

„Herr Li kam nicht mit leeren Händen", erwiderte das Mädchen, „erinnern Sie sich nicht, wie viel Geld er hier gelassen hat?" „Das ist schon eine ganze Weile her. Jetzt sieht es anders aus. Andere Mädchen verdienen, du aber gibst dich mit einem Habenichts ab. Geh und sag deinem Bettler, wenn er noch einen Funken Anstand besitzt, muss er mich auszahlen. Dann kannst du mit ihm gehen, und ich kann mir ein anderes Mädchen nehmen, das dich ersetzt. Wäre das nicht für euch beide die beste Lösung?" „Ist das Ihr Ernst?", fragte Du Wei. „Natürlich", sagte die alte Frau. Tatsächlich nahm sie an, Li besäße keinen Pfennig, hatte er doch bereits seine Kleidung versetzt. „Wie viel soll er Ihnen zahlen?"

„Von einem anderen würde ich eintausend Unzen Silber verlangen. Von einem armen Teufel wie er einer ist will ich nur dreihundert haben. Dafür bekomme ich ein anderes Mädchen. Aber dein Li muss innerhalb von drei Tagen zahlen. Dann kannst du sofort gehen.

Bringt er das Geld nicht, jage ich ihn mit dem Stock davon. Das kann mir niemand verübeln!" „Drei Tage sind zu wenig", beklagte sich Du Wei, „können es nicht zehn sein?"

Der junge Narr ist pleite, dachte sich die Besitzerin des Freudenhauses. Selbst wenn ich ihm hundert Tage geben würde, würde das nichts nützen. Hauptsache, ich bin ihn endlich los. Dann habe ich mein Haus wieder im Griff und Du Wei muss parieren.

„Also gut", sagte sie laut, „ich gebe ihm zehn Tage. Gib aber mir nicht die Schuld, wenn er nach den zehn Tagen das Geld nicht gebracht hat!"

An diesem Abend sprach Du Wei mit Li über die Zukunft. „Ich möchte dich heiraten", sagte Li, „doch es würde mich mindestens eintausend Unzen Silber kosten, dich freizukaufen. Wo soll ich so viel Geld auftreiben."

Du Wei erzählte von ihrem Gespräch mit der Inhaberin des Freudenhauses und dass dreihundert Unzen Silber ausreichen würden. „Ich weiß, dir ist das Geld ausgegangen. Du musst doch Freunde und Verwandte in der Stadt haben! Kannst du dir nicht von ihnen etwas borgen? Wenn du das Geld bekommst, werde ich für immer dein sein!" „Meine Freunde und Verwandten wollen nichts von mir wissen, weil ich hier mit dir gelebt habe. Morgen werde ich ihnen sagen, dass ich mich verabschieden will, packe und heimfahre. Dann bitte ich sie, mir etwas Geld für die Reisekosten zu leihen. So kann ich vielleicht die dreihundert beschaffen."

„Beeile dich, ich werde auf dich warten."

Lis Besuche waren vergebens. Man war erfreut, von seiner Heimreise zu hören, aber niemand wollte ihm mit Geld aushelfen. Alle nahmen an, er würde es wieder für Frauen ausgeben. Seine Aufenthalte im Freudenhaus hatten sich herumgesprochen, sein Ruf war dahin.

Drei Tage waren um. Li wagte es nicht, zu Du Wei zu gehen. Er erzählte alles Liu Yuchun. Der schüttelte ungläubig den Kopf. „Dreihundert Unzen? Das kann nicht sein. Du Wei ist nicht irgendwer. Ihr Preis müsste mindestens eintausend Unzen Silber betragen. Alle Welt weiß, dass Du inzwischen ein armer Schlucker bist und auch die dreihundert nicht aufbringen kannst. Einfach hinauswerfen wollen sie dich nicht. Doch wenn dann die zehn Tage verstrichen sind und du nicht gezahlt hast, wirst du dich nicht mehr hintrauen. Das ist der Weg, dich loszuwerden!"

Li suchte weiterhin einen Bekannten nach dem anderen auf und nahm vorübergehend Quartier bei Liu. Du Wei war beunruhigt, die Zahlungsfrist rückte immer näher. Sie ließ Li von einem jungen Diener suchen. „Herr Li!", rief der Junge, „meine Madame sucht Sie! Begeben Sie sich sofort zu ihr!" Li schämte sich zu sehr, um Du Wei unter die Augen zu treten. Doch der Junge packte ihn beim Ärmel und schleifte ihn mit sich. Als Li Du Wei sah, gestand er unter Tränen seinen Misserfolg: „Ich habe mein Bestes getan, aber die Leute sind erbarmungslos!"

„Lass es die alte Frau nicht wissen", sagte Du Wei. „Bleibe heute Nacht hier, damit wir darüber reden können." Sie aßen gemeinsam ihr Abendbrot. Du Wei fragte: „Du hast wirklich kein bisschen Geld? Was soll denn nur aus mir werden?" Li wusste keine Antwort darauf. „Ich habe einhundertfünfzig Unzen Silber gespart", flüsterte Du Wei ihm zu. „Nimm sie, dann hast du schon die Hälfte der benötigten Summe. Es müsste doch möglich sein, die andere Hälfte zu bekommen. Aber beeile dich! Du hast nur noch vier Tage." Sie holte das Geld unter ihrer Matratze hervor. Li war überrascht. Er begab sich zu Liu und berichtete ihm, was geschehen war. Liu war beeindruckt von Du Weis Hilfsbereitschaft. „Sie muss dich sehr lieben", sagte er, „du darfst sie nicht enttäuschen. Ich werde alles für dich tun, was ich kann." Liu suchte all seine Freunde auf. Innerhalb von zwei Tagen hatte er die fehlenden hundertfünfzig Silberunzen beisammen. Er übergab sie Li mit den Worten: „Ich habe das nicht so sehr für dich, sondern für das Mädchen getan. Ich bin gerührt über ihre Hingabe zu dir."

Li rannte sogleich zu Du Wei. Sein Herz pochte vor Glück. Als er ihr von Liu Yuchuns Freundschaftsdienst erzählte, legte Du Wei in Dankbarkeit die Hände an die Stirn. Sie verbrachten die Nacht in großer Glückseligkeit.

Am nächsten Morgen stand Du Wei schon früh auf. „Wir sollten bald aufbrechen. Entscheide du, wohin wir gehen. Ich habe mir von Freunden zwanzig Silberunzen für die Reisekosten geliehen." Während Li seine Freude darüber bekundete, klopfte es an der Tür. Die Inhaberin des Freudenhauses trat ein. Es war der zehnte Tag.

„Heute ist die Frist abgelaufen", verkündete sie. „Kannst du zahlen?" „Ich wollte gerade zu Ihnen", sagte Li und legte die dreihundert Silberunzen auf den Tisch. Das Gesicht der alten Frau verfärbte sich. Sie war fassungslos.

„Ich habe nahezu acht Jahre hier gearbeitet", sagte Du Wei. „Ich muss Ihnen Tausende eingebracht haben. Aber jetzt verlasse ich Sie. Heute ist der glücklichste Tag meines Lebens!"

Die alte Frau schwieg eine Weile. Dann riss sie sich zusammen und wog das Silber. Es war die korrekte Summe, nicht mehr, nicht weniger. „Nun, ich nehme an, ich kann dich hier nicht halten", sagte sie. „Aber wenn du tatsächlich gehen willst, geh gleich. Du wirst nichts mitnehmen außer der Kleidung, die du am Leib trägst!" Damit schob sie die beiden aus der Tür. Es war Spätherbst. Li und Du Wei waren nur leicht angezogen. Li wollte ihr eine Sänfte besorgen. Doch Du Wei wollte sich noch von den anderen Mädchen verabschieden. Sie stellte Li ihre beiden besten Freundinnen vor. Die beiden kramten goldene Armbänder, Haarnadeln und Ohrringe aus Jade hervor, einen Brokat-Unterrock, ein besticktes Korsett und ein Paar bestickter Schuhe, um die Abreisende auszustatten. Sie luden Li und Du Wei zum Essen ein und ließen beide die Nacht in ihrer Unterkunft verbringen.

古树名木保护牌

Tags darauf gaben sie ein Fest, um die Vereinigung zweier Liebender mit Gesang und Tanz zu feiern. Am nächsten Morgen fragte Du Wei Li nach dessen Reiseplänen.

„Mein Vater zürnt mir bereits", sagte Li. „Wenn er erfährt, dass ich eine Hure zur Frau genommen habe, werde nicht nur ich das zu spüren bekommen, auch du wirst seinen Unmut ertragen müssen. Der Gedanke beschäftigt mich schon eine ganze Weile, doch weiß ich bislang keine Lösung."

„Ein Vater liebt seinen Sohn", versuchte Du Wei ihn zu trösten. „Er wird nicht lange so schlecht auf dich zu sprechen sein. Vielleicht sollten wir uns nicht sogleich zu dir nach Hause auf den Weg machen. Wir könnten uns erst Hangzhou ansehen oder Suzhou. Danach findest du dich zunächst allein bei deinem Vater ein und bittest deine Verwandten und Freunde, ein gutes Wort für dich einzulegen. Sobald du Frieden mit deinem Vater geschlossen hast, holst du mich nach und alles wird gut sein."

Li pflichtete ihr bei. Dann suchten sie Liu Yuchun auf und Du Wei kniete vor ihm nieder, um ihm zu danken. „Nicht der Rede wert", sagte Liu Yuchun. „Du bist eine sehr beeindruckende junge Dame!" Die drei verbrachten den ganzen Tag miteinander und es wurde das Datum der Abreise festgelegt. Zur Verabschiedung kamen mit den anderen Mädchen aus dem Freudenhaus auch die beiden besten Freundinnen Du Weis und übergaben ihr ein Geschenkpäckchen. Es sei von ihnen allen, um ihr viel Glück zu wünschen. Du Wei bedankte sich, ohne das Päckchen zu öffnen.

Als sie den Fluss Lu am nördlichen Ende des Großen Kanals nahe Peking erreichten, von wo aus sie eine Bootsreise flussabwärts antreten wollten, war Li neuerlich besorgt um die Reisekasse. Es war nur noch wenig Geld übrig geblieben, nachdem er die besten Stücke seiner Garderobe bei der Pfandleihe ausgelöst hatte. „Sorge dich nicht", beruhigte ihn Du Wei. Sie hatte das Geschenkpäckchen geöffnet und fünfzig Silberunzen herausgenommen.

Ein paar Tage später erreichten sie Guazhou, eine Stadt in der nördlichen Provinz Jiangsu, dort, wo der Große Kanal auf den Yangzi-Fluss trifft. Die meisten Passagiere gingen an Land. Li Jia und Du Wei sollten auf ein anderes Schiff umsteigen. Es war mitten im Winter, am klaren Himmel stand der Vollmond. „Seit wir von Peking aufgebrochen sind, haben wir die Kabine nicht mehr verlassen", sagte Li. „Es ist schön, dass wir das Schiff heute für uns haben. Lass uns etwas Wein trinken!" Du Wei stimmte zu. „Wir haben schon lange nicht mehr gelacht!" Li ergriff eine Flasche Wein und breitete eine Decke auf dem Deck aus. Sie füllten die Gläser und tranken so lange, bis sie beide recht angeheitert waren. „Sing ein Lied für mich!", bat Li. „Du hast so wundervoll gesungen, als ich dich das erste Mal sah. Auf der Stelle habe ich mich in dich verliebt. Du hast die schönste Stimme auf der Welt. Was für ein wunderbarer Abend! Schau zum Mond hinauf! Schau dir die kleinen Wellen an! Es ist wunderschön! Bitte, sing ein Lied für mich!" Du Wei räusperte sich. Sie gab mit ihren Füßen den Rhythmus vor und sang das Weinlied aus einem klassischen Bühnenstück der Yuan-Dynastie. Sie waren überaus glücklich.

Auf einem benachbarten Boot, das ebenfalls im Hafen angelegt hatte, befand sich ein junger Mann namens Sun Fu, Student an der Kaiserlichen Universität in Nanking. Er war zwanzig Jahre alt und der vergnügungslustige Sohn eines reichen Vaters. Die Familie bestritt schon seit Generationen das Salzgeschäft in Yangzhou. Auch Sun Fu besuchte regelmäßig Freudenhäuser und genoss die Gesellschaft von Frauen. An diesem Abend war er allein beim Trinken. Plötzlich hörte er in der unmittelbaren Nähe eine Frau singen. Sun Fu stand auf und lauschte hingerissen. Was für eine himmlische Stimme sie hat! Gerade als er begriff, dass die Stimme vom Boot nebenan kam, endete der Gesang.

Sie kann unmöglich aus einer angesehenen Familie kommen, dachte Sun Fu bei sich, ihr Gesang ist zu vollendet! Wie nur konnte er sie kennen lernen? Die Frage raubte ihm den Schlaf. Kurz vor Tagesanbruch kam ein Schneesturm auf. Die Boote konnten nicht auslaufen. Sun Fu gab Anweisung, sein Boot neben das von Li zu manövrieren. Er öffnete das Fenster und tat, als halte er nach dem Schnee Ausschau. Im gleichen Augenblick zog Du Wei die Vorhänge ihrer Kabine auf. Für einen Moment bekam er sie zu Gesicht und war entzückt. Doch Du Wei ließ sich nicht nochmals blicken. Sun hatte eine Idee. Er begann zu singen. Nun steckte Li Jia den Kopf zum Fenster heraus. Genau das hatte Sun Fu beabsichtigt.

„Guten Morgen", begrüßte Sun Li Jia. Die beiden kamen sogleich ins Gespräch und fanden heraus, dass der eine wie der andere Student an der Kaiserlichen Universität war. Sun lud Li zu einem Ausflug an Land ein. Während sie aßen und Wein tranken, plauderten sie über ihre Frauenbekanntschaften und tauschten ihre Erfahrungen in Freudenhäusern aus.

„Ich habe gestern Abend auf deinem Boot eine Frau singen hören. Wer ist sie?", fragte Sun.

„Sie ist Du Wei, eines der berühmtesten Freudenmädchen von Peking", brüstete sich Li, und er erzählte von seiner Beziehung zu Du Wei. „Du musst sehr glücklich sein", sagte Sun, „eine solche Schönheit nach Hause zu bringen. Aber was wird deine Familie sagen?"

„Das Problem ist mein Vater", gestand Li, „um die anderen mache ich mir weniger Sorgen. Aber er ist ein sehr strenger Mann!" „Was wirst du nun tun?"

„Zuerst werde ich heimkehren. Du Wei wird eine Weile in Suzhou oder Hangzhou bleiben. Ich werde meine Freunde und Verwandten bitten, bei meinem Vater ein gutes Wort für uns einzulegen. Wenn sein Unmut sich gelegt hat, hole ich Du Wei nach Hause. So haben wir uns das ausgedacht."

Sun schwieg.

„Wie findest du unseren Plan?", fragte Li.

„Wir kennen uns erst ganz kurz. Ich will dir nicht zu nahe treten", murmelte Sun. Li gab sich nicht zufrieden damit. „Sag mir offen, was du denkst!" Sun hielt mit seiner Meinung nicht hinter dem Berg. „Dein Vater ist ein hoher Regierungsbeamter. Bestimmt sorgt er sich um den Ruf der Familie. Du sagst, dass er über deine Besuche in Freudenhäusern verstimmt war. Glaubst du ernstlich, er würde dich ein Freudenmädchen heimbringen lassen? Deine Freunde und Verwandten werden dir in dieser Sache schwerlich behilflich sein. Nicht einer wird für dich den Kopf hinhalten. Selbst wenn sie eigentlich dazu bereit wären, werden sie schön den Mund halten, sobald sie merken, dass dein Vater diese Heirat nicht wünscht. Ich sehe keine Lösung deines Problems. Vorübergehend kannst du in Suzhou oder Hangzhou bleiben, aber wie lange? Sobald dir das Geld ausgeht, weißt du nicht mehr weiter!" „Was würdest du vorschlagen?", fragte Li.

„Ich will mich da nicht einmischen, wir kennen uns doch kaum!" Li bedrängte ihn. „Bitte hilf mir!"

„Frauen", belehrte ihn Sun, „sind von Natur aus wankelmütig, besonders natürlich Freudenmädchen. Da deine Du Wei so berühmt ist, hat sie vermutlich überall Kunden. Sie benutzt dich nur. Vielleicht hat sie im Süden noch einen anderen Mann." Li wies das zurück: „Unmöglich!"

„Vielleicht hast du Recht. Doch die jungen Männer im Süden verstehen sich sehr gut darauf, Mädchen für sich einzunehmen. Lässt du sie hier allein, wirst du wohl kaum erfahren, ob sie sich mit dem einen oder anderen einlässt. Doch kannst du sie auch nicht gleich mit nach Hause nehmen. Das ist dein Problem."

Man sah Li seine Besorgnis an. „Die Beziehung zwischen Vater und Sohn ist heilig", fuhr Sun fort, „überwirfst du dich mit deinem Vater wegen eines Freudenmädchens, wird jeder dich verdammen. Deine Mutter wird unglücklich darüber sein, dein Bruder wird dich nicht mehr kennen und deine Freunde und Verwandten werden dir aus dem Weg gehen. Die Gesellschaft wird dich verstoßen!"

„Was soll ich bloß tun?", seufzte Li.

„Ich habe eine Idee, die dir helfen könnte. Aber ich weiß nicht, ob du auf mich hören wirst."

Lis fragender Blick ermutigte Sun, seinen Vorschlag zu unterbreiten. „Du warst über ein Jahr fort und hast all dein Geld für ein Freudenmädchen ausgegeben. Kehrst du nun mit leeren Händen zurück, wirst du deine Anwartschaft auf das Familienvermögen verspielen. Dein Vater wird dich für einen Verschwender halten, dem das Familienerbe nicht anvertraut werden kann. Solltest du aber bereit sein, dich von deiner Freundin zu trennen, so würde ich dir eintausend Silberunzen anbieten. Dieses Geld kannst du heimbringen und deinem Vater berichten, du hättest in Peking Unterricht gegeben. Das würde ihn gewiss erfreuen. Denke sorgfältig über mein Angebot nach. Und glaube nicht, dass ich deine Freundin begehre, mir geht es darum, dir zu helfen!"

Li, der stets Angst vor seinem Vater gehabt hatte, schien Suns Vorschlag äußerst einleuchtend. Doch erst wollte er mit Du Wei sprechen. „Ich kann sie nicht einfach so verlassen!"

Sie tranken weiter bis in den Abend hinein. Als Li Jia zurückkam, schien es Du Wei, als beschäftige ihn ein Problem. Ohne ein Wort zu sagen, ging er zu Bett. Du Wei war irritiert. Während sie ihm beim Entkleiden half, fragte sie: „Was bedrückt dich?" Li seufzte nur und wollte nicht reden. Sie war beunruhigt und konnte nicht einschlafen. Mitten in der Nacht hörte sie Li neuerlich seufzen. „Warum vertraust du mir deinen Kummer nicht an?", fragte Du Wei.

Li setzte sich auf, suchte nach Worten, Tränen liefen ihm über das Gesicht. Du Wei nahm ihn in ihre Arme. „Wir kennen uns doch schon so lange. Noch nie hast du so niedergeschlagen gewirkt. Du solltest glücklich sein, wir sind auf der Hochzeitsreise!"

Li brach sein Schweigen. „Du bist all die Zeit so liebevoll zu mir gewesen. Doch ich habe einen sehr strengen Vater. Ich habe Angst, er wirft uns hinaus. Dann haben wir kein Zuhause und es wäre das Ende meiner Familienbande. Auch unsere Ehe kann dann nicht glücklich werden. Heute traf ich einen Freund. Wir haben darüber gesprochen. Ich hatte das Gefühl, mir bricht das Herz!"

Du Wei erschrak. „Was soll geschehen? Was hast du vor?"

„Wenn man selber betroffen ist, sieht man die Dinge nicht klar genug. Mein Freund Sun Fu hat mir geholfen, Klarheit zu gewinnen. Er hat mir einen guten Vorschlag gemacht. Ich fürchte nur, du wirst nicht einverstanden sein!" Du Wei fragte: „Wer ist dieser Sun Fu?" Und sie fügte hinzu: „Wenn er einen guten Vorschlag hat, warum sollte ich dagegen sein?"

„Er ist ein Salzhändler und wie ich Student an der Kaiserlichen Universität. Gestern Abend hörte er dich singen, heute hat er sich nach dir erkundigt. Als ich ihm unsere Geschichte erzählte, bot er an, uns zu helfen. Er ist willens, mir eintausend Silberunzen für deine Hand zu zahlen. Ich kann das Geld bekommen und du bekommst ein Zuhause. Doch kann ich es nicht ertragen, dich zu verlassen!" Li standen die Tränen in den Augen.

„Ein wahrhaft netter Herr muss das sein, wenn er so mitfühlend ist!" Sie schob Li von sich. „Du erhältst eintausend Unzen Silber und ich einen anderen Mann. Und ich höre auf, eine Belastung für dich zu sein! Das klingt ja wirklich nach einem guten Plan! Wo ist das Geld?"

„Erst musste ich mit dir sprechen", sagte Li, „es hat noch nicht seinen Besitzer gewechselt." Er weinte nun nicht länger. „Suche ihn morgen auf", sagte Du Wei. „Eintausend Silberunzen, das ist eine große Summe. Lass dir die Gelegenheit nicht entgehen. Ich begebe mich auf sein Boot. Und lass dich von dem Salzhändler nicht betrügen!"

Der Tag war angebrochen, als Du Wei aufstand und sich ankleidete. „Ich verabschiede heute einen alten

Kunden und begrüße einen neuen. Das ist ein großes Ereignis."

Sie schminkte sich sehr sorgfältig, schlüpfte in ein prächtiges Kleid und legte teuren Schmuck an. Ihr Parfüm füllte die Kabine. Sie war strahlend schön. Sun Fu schickte einen Diener, um Lis Entscheidung zu erfragen. Du Wei betrachtete Li. Er schien erfreut. Sie forderte ihn auf, sich zu Sun zu begeben und ihm mitzuteilen, dass sie bereit sei.

„Ich zögere nicht, dir das Geld auszuhändigen", sagte Sun zu Li, „aber als Pfand muss ich die Schmuckkassette der Frau haben."

Li holte die Schmuckkassette, Du Wei begleitete ihn zu Sun und dieser zahlte sogleich hocherfreut die eintausend Silberunzen. Du Wei selber zählte das Geld nach. Dann wandte sie sich an Sun. „Gib mir die Kassette noch einmal zurück, Herrn Lis Reisepapiere sind darin verwahrt."

Du Wei schloss die Kassette auf und bat Li, die oberste Schublade herauszuziehen. Li Jia sah erstaunt, dass sie mit Perlen, Edelsteinen und Jade gefüllt war. Du Wei warf all diese Kostbarkeiten in den Fluss. „Nun das zweite Schubfach!" Auch in diesem befand sich Jade und Gold. Sogar noch die dritte Schublade enthielt zahlreiche Jadestücke und alten Goldschmuck, der ein kleines Vermögen wert war. All diese Schätze schleuderte Du Wei über Bord. Eine kleine Menschenmenge hatte sich versammelt, um Zeuge des seltsamen Ereignisses zu werden.

Du Wei zog die vierte und letzte Schublade heraus. Darin lag ein Kästchen. Sie öffnete es. Der Inhalt bestand aus großen Perlen, funkelnden Smaragden, Katzenaugen und anderen Juwelen, wie sie kaum jemand jemals gesehen hatte. Der Wert war unschätzbar. Noch bevor Du auch diesen Schatz in den Fluss werfen konnte, umschlang sie Li Jia und weinte bitterlich. Auch Sun Fu versuchte, sie von ihrem Vorhaben abzubringen. Du Wei stieß Li von sich und wandte sich Sun zu.

„Du hast vernommen, was wir beide erlitten haben, und versuchst, uns unsere Liebe zu stehlen und unsere Ehe zu zerstören. Ich hasse dich dafür. Nach meinem Tod werde ich ein Geist sein, der dich verfolgt!" Dann richtete sie ihren Blick auf Li. „In all den Jahren im Freudenhaus war ich nicht glücklich. Als ich dich traf, änderte sich mein Leben. All das habe ich gespart, um für das Alter vorzusorgen. Die als ‚Geschenk' verpackte Kassette war meine eigene. Sie enthält Juwelen, die Zehntausende von Silbermünzen in ihrem Wert übertreffen. Ich wollte sie dir schenken, damit deine Eltern bei deiner Heimkehr meine Liebe für dich begreifen und mir wohl gesonnen gegenübertreten würden. Dann hätten wir ein glückliches Leben führen können. Nie hätte ich geglaubt, dass du das Herz hast, mich auf halbem Wege zu verlassen. Du liebst mich nicht wirklich. Jetzt habe ich dich den Inhalt meiner Kassette sehen lassen, damit du erkennst, dass eintausend Silberunzen für mich ein Nichts sind! Ich habe mir

nicht vorstellen können, dass ich mein Dasein als Freudenmädchen hinter mir lasse, nur um von dir verstoßen zu werden!"

Auf den Knien flehte Li sie an, ihm zu vergeben. Er fand kein Gehör. Mit dem Juwelenkästchen in der Hand sprang Du Wei in den Fluss. Es wurde sogleich versucht, sie zu retten, doch die Strömung war zu stark. Man fand sie nicht mehr. Li verlor nach diesen Geschehnissen den Verstand. Zeit seines Lebens war er dem Wahnsinn verfallen. Sun Fu starb kurz darauf an einer Krankheit.

Als Li Jias Freund Liu Yuchun sein Studium in Peking beendet hatte, nahm er denselben Weg nach Hause wie damals Li. Sein Boot ging im Hafen von Guazhou vor Anker. Als er sich eines Morgens an Deck des Bootes wusch, fiel seine Messingwaschschüssel in den Fluss. Er bat einen Fischer, nach ihr zu suchen. Als dieser sein Netz heraufholte, befand sich darin ein kleines Kästchen. Lu öffnete es. Es war randvoll mit wertvollen Juwelen, Perlen und Jade bestückt. In dieser Nacht hatte er einen Traum. Er sah ein Mädchen aus den Fluten aufsteigen. Er erkannte Du Wei. „Du warst nett zu mir", sagte sie. „Ich wollte dir meine Dankbarkeit erweisen, sobald wir zur Ruhe gekommen wären. Jetzt kann ich das nicht mehr tun, aber deine Anteilnahme und Großzügigkeit habe ich nicht vergessen. Durch den Fischer schicke ich Dir das Kästchen als Zeichen meiner Dankbarkeit. Doch wiedersehen werden wir uns nie!"

Liu erwachte plötzlich. Sein Verstand sagte ihm: „Du Wei ist tot." Und ihm wurde bewusst: Er hatte sie sehr lange vermisst.

中國皇帝的愛情生活

Die erotische Welt der chinesischen Kaiser

BERICHT ÜBER RITUALE AM CHINESISCHEN KAISERHOF

Die Gesellschaft schöner Frauen könnte dich zu einer zügellosen Ausübung von Sex verführen. Aber zügelloser Sex ist, als würde man die Axt an seine eigene Lebenswurzel legen. Der Geschmack feiner Gerichte und guten Weins kann dich zu übermäßigem Trinken verleiten. Aber übermäßiges Trinken ist, als würde man ein Gift einnehmen, das die lebenswichtigen Organe verrotten lässt.
Mei Cheng (?-140 v. Chr.)

Es gab mehr als zweihundert Kaiser in der chinesischen Geschichte, von der 221 v. Chr. begründeten Qin-Dynastie bis zur Qing-Dynastie, die 1911 ihr Ende fand. Nach statistischen Erhebungen wurden nur zwölf Kaiser 70 Jahre oder älter. Die normale Lebenserwartung eines Kaisers betrug 43 Jahre, wobei ein unnatürlicher Tod durch Attentäter oder Unfall unberücksichtigt blieb. Dagegen war die durchschnittliche Lebenserwartung eines buddhistischen Priesters in der Geschichte 72 Jahre. Nahezu ein Drittel der Kaiser starb zwischen dem 20. und 40. Lebensjahr und ein Drittel zwischen 41 und 60. Im Gegensatz dazu starb fast kein einziger buddhistischer Mönch zwischen dem 20. und dem 50. Lebensjahr. 33 Prozent von ihnen starben, als sie zwischen 70 und 79 waren, und ein Drittel wurde älter als 80 Jahre.

Zu den möglichen Gründen, die als Ursache für den großen Unterschied zwischen den jeweiligen Lebenserwartungen genannt wurden, gehört neben der erhöhten Beanspruchung durch die beruflichen Aufgaben ganz besonders das Sexualverhalten. Sexuelle Ausschweifungen sollen angeblich für die kurze Lebensdauer der Kaiser verantwortlich sein, während angenommen wird, dass die Abstinenz der Hauptgrund für das lange Leben eines buddhistischen Priesters war.

Im Allgemeinen halten die Chinesen allerdings nichts von sexueller Abstinenz. So wie das Zusammenspiel von Himmel und Erde allen Dingen Form gibt, glaubten die Chinesen des Altertums, dass die sexuelle Vereinigung zwischen Mann und Frau allen Dingen Leben gibt. Die schlimmste Verletzung der Sohnespflicht war, keine Kinder zu haben, keine Nachkommen, um den Bestand der Familie zu sichern.

Von der Fortpflanzungsfunktion abgesehen, war für die alten Chinesen Sex durchaus ein zweischneidiges Schwert. In Maßen ausgeübt, konnte der Geschlechtsakt die Kraft des Mannes fördern, indem er die Essenz der Frau in sich aufnimmt, und der Frau nutzen, indem ihre Kraft sich voll entfaltet. Exzessiver Sex wurde jedoch für gesundheitsschädlich gehalten.

Konfuzius sah Sex als etwas an, das für die Menschen so nötig war wie Nahrung, aber er klagte über die Ausschweifungen, die er bei denen, die an der Macht waren, beobachtet hatte. Er sagte, er hätte nie einen Mann gesehen, der die Tugenden ebenso schätzte wie die Frauen. Und in der Tat waren die chinesischen Kaiser bekannt für ihre Zügellosigkeit.

Schon sehr früh in der Zhou-Dynastie (1122-256 v. Chr.) hielt sich der König eine große Anzahl von Frauen in seinem Harem. Spätere Kaiser waren noch begehrlicher. So hielt sich zum Beispiel Kaiser Wu (er regierte von 265-290 n. Chr.) in der Jin-Dynastie fast 10 000 Frauen im Palast. In der Tang-Dynastie, dem goldenen Zeitalter der chinesischen Geschichte, verfügte Kaiser Ming Huang (der von 712-742 n. Chr. regierte) über 40 000 Frauen im kaiserlichen Harem.

Von allen Frauen, die im kaiserlichen Harem gefangen waren, hatten jedoch gemäß der alten kaiserlichen Tradition nur 122 Sex mit dem Kaiser. Eine davon war natürlich die Kaiserin. Alle Frauen erhielten einen Rang. Im folgenden werden die Ränge und die Anzahl der Frauen in jedem Rang aufgelistet, die reguläre kaiserliche Sexualpartner waren:

1 Kaiserin
4 sekundäre Königinnen
9 drittrangige Königinnen
27 viertrangige Königinnen
81 fünftrangige Königinnen

Die Kaiserin war die Hauptfrau des Kaisers. Die vier sekundären Königinnen hatten Privilegien, die denen des Premierministers entsprachen.

Die sexuellen Aktivitäten des Kaisers wurden von den Mondphasen bestimmt. Er schlief mit all diesen Frauen an den korrekten Tagen des Mondkalenders, wobei die Reihenfolge und Frequenz von ihrem Rang abhingen. Wenn der Mond zu Beginn des Mondmonats langsam größer wurde, verlagerte der Kaiser seine sexuellen Vorlieben sukzessive von den Damen niederen Rangs zu denen der höheren Ränge. Bei Vollmond schlief er mit der Kaiserin. Danach suchte er sich seine Favoritinnen in absteigender Rangfolge aus. Man glaubte, wenn er sich, bevor er mit der Kaiserin schlief, mit Frauen niederen Rangs vereinigte, würde dadurch seine Potenz gestärkt werden. Da der Kaiser die Sonne symbolisierte und die Kaiserin den Mond, durften sie sich nur bei Vollmond vereinigen, wenn es eine perfekte Harmonie zwischen den zwei kosmischen Symbolen des Männlichen und des Weiblichen gab.

Dementsprechend waren die sexuellen Aktivitäten des Kaisers wie folgt angesetzt:

1. - 9. Tag	81 Königinnen des fünften Rangs, von denen 9 pro Nacht mit dem Kaiser schliefen
10. - 12. Tag	27 Königinnen des vierten Rangs, von denen 9 pro Nacht mit dem Kaiser schliefen
13. Tag	9 Königinnen des dritten Rangs
14. Tag	4 sekundäre Königinnen
15. - 16. Tag	die Kaiserin
17. Tag	4 sekundäre Königinnen
18. Tag	9 Königinnen des dritten Rangs
19. - 21. Tag	27 Königinnen des vierten Rangs
22. - 30. Tag	81 Königinnen des fünften Rangs

Im Mondkalender gibt es keinen 31. Tag. Dieses symmetrische System entstand vor dreitausend Jahren während der Zhou-Dynastie und wurde entwickelt, um unter anderem für eine gewisse Fairness des Kaisers bei der Verteilung seiner Günste unter seinen Frauen zu sorgen.

Das Amt für Kaiserliche Schlafzimmer-Angelegenheiten überwachte die hochherrschaftlichen Sexualbeziehungen, um sicherzustellen, dass das Sexualverhalten des Kaisers nach den korrekten Regeln ablief. Um bei der steigenden Anzahl der Frauen, mit denen der Kaiser Sex hatte, auf dem Laufenden zu bleiben, führte das Amt sehr penibel Buch. Die Identität der kaiserlichen Partnerin, das Datum ihres Geschlechtsverkehrs und die Anzeichen von Schwangerschaft wurden sorgfältig in roter Tinte von einer Beamtin registriert.

Wenn sie die Frau ins kaiserliche Schlafzimmer führte, steckte die Beamtin ihr einen silbernen Ring an den Finger der rechten Hand. Nachdem die Frau Sex mit dem Kaiser hatte, wechselte der Ring auf die linke Hand über. Sobald eine Frau schwanger war, gab ihr die Beamtin einen goldenen Ring zum Tragen.

Während der Tang-Dynastie wurde eine neue Methode eingeführt, um Verwirrung und falsche Behauptungen auszuschalten. Hatte eine Frau mit dem Kaiser geschlafen, erhielt sie einen Stempelabdruck auf den Arm. Der Stempel wurde mit einem bestimmten Zimtöl behandelt, damit der Abdruck gut haftete.

Dennoch wurde dieses rigide sexuelle Protokoll nicht immer genauestens eingehalten. In der Jin-Dynastie versteckte Kaiser Wu zum Beispiel mehrere hundert schöne Frauen in verschiedenen Häusern. Er fuhr mit einem von Ziegen gezogenen Wagen durch den kaiserlichen Haremskomplex. Wenn die Ziegen an einem bestimmten Haus anhielten, ging er hinein und verbrachte die Nacht mit der dort wohnenden Hofdame. Entsprechend wetteiferten die Frauen um die Aufmerksamkeit der Ziegen. Sie zogen das frischeste grüne Gras vor den Toren ihres Hauses und streuten Salz auf das Gras, um die Tiere, die das Salz gerne mochten, zum Anhalten zu verleiten.

Die Ming-Kaiser führten ein differenziertes Auswahlsystem für ihre Partnerinnen ein. Hölzerne Namensschilder wurden auf einer Seite grün angestrichen, auf jedem stand der Name einer Hofdame in chinesischer Tusche. Beim Abendessen legte der Eunuch, der für das kaiserliche Schlafzimmer zuständig war, ein Dutzend oder mehr Schilder auf ein silbernes Tablett und servierte sie dem Kaiser zusammen mit dem Essen. Wenn es den Kaiser nach Sex verlangte, nahm er sich ein Namensschild. Wenn er nicht sicher war, welches er nehmen sollte, unterbreitete ihm der Eunuch Vorschläge, empfahl die eine oder andere junge Dame, die an diesem Tag besonders erfrischend aussah, oder sprach sich gegen diese oder jene aus, da sie nicht munter genug schien und vermutlich nicht in der Lage sein würde, Seine Majestät in dieser Nacht zu befriedigen. Die Worte des Eunuchen hatten oft ein erhebliches Gewicht.

Sowohl die auserwählte Dame als auch die Kaiserin wurden von der Wahl informiert. Es war sogar die Pflicht der Kaiserin, eine formelle Anfrage an die Auserwählte zu richten, um dem Kaiser zu dienen. Das war eine Formalität der Ehrerbietung gegenüber der Autorität der Kaiserin.

Die Auserwählte badete sich dann und ließ ihr Haar offen herabfallen, um scheu darauf hinzuweisen, dass sie zu jung war, um Partnerin für den Kaiser zu sein. Zwei Eunuchen holten sie ab und sie musste sich vor ihnen ausziehen. Danach wurde sie von den Eunuchen in eine rote Bettdecke eingerollt und auf den Schultern zum Schlafzimmer des Kaisers getragen. Bis auf die Kaiserin mussten alle Frauen nackt in das kaiserliche Schlafzimmer getragen werden, vermutlich um sicherzustellen, dass sie keine Waffen in ihrer Kleidung versteckt hatten. Aus demselben Grund mussten auch die Eunuchen sich nackt ausziehen, bevor sie das Schlafzimmer des Kaisers betraten. Die eingeteilte Hofdame half der Frau, ein seidenes Nachthemd anzuziehen, und ließ sie danach allein, damit sie auf den Kaiser wartete. Manchmal hatte es der Kaiser sehr eilig und liebte die Frau noch auf den Schultern der Eunuchen.

Nur die Kaiserin war berechtigt, die ganze Nacht mit dem Kaiser zu verbringen. Die Nebenfrauen mussten vor Tagesanbruch gehen. Der Kaiser sollte zur Mitternacht seine Liebesspiele einstellen, da er ja noch vor Tagesanbruch aufstehen musste, um sich mit seinen Ministern zu treffen, die ihn zu dieser Zeit schon am Hof erwarteten.

Um Mitternacht rief dann der Eunuch vor dem kaiserlichen Schlafzimmer laut: „Die Zeit ist um!"

Wenn der Kaiser nicht reagierte, rief er noch einmal. Und wenn der Kaiser sich auch nach dem dritten Ruf nicht gerührt hatte, durfte der Eunuch das Schlafzimmer betreten und die Dame davontragen.

Der verantwortliche Offizier für Kaiserliche Schlafzimmer-Angelegenheiten fragte dann den Kaiser: „Eure Majestät, wollen Sie das Baby behalten?" Wurde das verneint, wurde die Frau an gewissen Stellen ihres Unterleibs massiert, damit das kaiserliche Sperma durch den Vaginalkanal hinausfloss. Das wurde für eine effektive Verhütungsmaßnahme gehalten. Wenn die Antwort ja war, wurden Datum und Name der Frau aufgeschrieben. Von da an erhielt sie eine Sonderbehandlung, die ihr helfen sollte, der kaiserlichen Familie ein Kind zu gebären.

Manche Königinnen waren sich der Pflichten ihres Ehemanns durchaus bewusst und verließen von selbst das Bett, wenn die Zeit um war. Eine Zhou-Königin, die erkannte, dass ihr Mann zögerte, nach einer sexuell befriedigenden Nacht zum Hof zu gehen, nahm zum Beispiel ihre Ohrringe und Haarnadeln ab, kniete sich vor ihn und sagte: „Bitte bestrafen Sie mich. Es ist meine Schuld, dass Eure Majestät zu spät zur Arbeit kommen." Daraufhin schämte sich der König und stand ab sofort früher auf, um sich den Regierungsgeschäften zu widmen. Ihr Verhalten wurde als ein nachahmenswertes Beispiel einer guten Ehefrau gepriesen.

Da Eunuchen für das kaiserliche Schlafzimmer verantwortlich waren, ist es sicher verständlich, dass es zwischen ihnen und dem Kaiser eine gewisse Intimität gab. In der Tat waren es Eunuchen, die dem jungen Kaiser die ersten Lektionen in Sexualerziehung erteilten, da er ja im Prinzip unter ihnen aufwuchs. Deswegen haben die Eunuchen in manchen Dynastien zu viel Macht besessen, was der kaiserlichen Herrschaft abträglich war.

夕靄朝嵐
靜機前戶對山青
動趣後階臨水白
澹寧堂
綠水如斯澹泊容
青山本來寧靜體

曲樹

Der knorrige Baum

ZHUANGZI (ca. 335-275 v. Chr.)

Meister Ki vom Südweiler wanderte zwischen den Hügeln von Schang. Da sah er einen Baum, der war größer als alle andern. Tausend Viergespanner hätten in seinem Schatten Platz gefunden. Der Meister Ki sprach: „Was für ein Baum ist das! Der hat gewiß ganz besonderes Holz."

Er blickte nach oben, da bemerkte er, dass seine Zweige krumm und knorrig waren, so dass sich keine Balken daraus machen ließen. Er blickte nach unten und bemerkte, dass seine großen Wurzeln nach allen Seiten auseinander gingen, so dass sich keine Särge daraus machen ließen. Leckte man an einem seiner Blätter, so bekam man einen scharfen, beißenden Geschmack in den Mund; roch man daran, so wurde man von dem starken Geruch drei Tage lang betäubt.

Meister Ki sprach: „Das ist wirklich ein Baum, aus dem sich nichts machen lässt. Dadurch hat er seine Größe erreicht."

弓形城

Die bogenförmige Stadt

VOLKSERZÄHLUNG AUS DER TANG-DYNASTIE (681-907)

Irgendjemand fragte mich, warum ich die Stadt „bogenförmig" genannt habe. „Weil sie sich, wie man sieht, der Beschaffenheit des Geländes anpasst", antwortete ich.

„So ziehst du also das Krumme dem Geraden vor. Warum machst du es aber nicht gerade?"

„Das kann ich nicht", sagte ich. „Gerade, das verstehst du, ist gerade, aber du begreifst nicht, dass gebogen und krumm nicht das gleiche ist. Dabei brauchst du dir nur das Universum mit allem, was es enthält, anzuschauen und über seine Grundregeln nachzudenken. Das Firmament umschließt uns, und die Erde dreht sich. In ewigem Kreislauf folgen die Jahreszeiten aufeinander, und die sieben Sternbilder bewegen sich auf einer Kreisbahn am Himmel. Wichtig bei einem Gebirge ist seine wellenförmige Kontur, bei einem Fluss der gewundene Lauf, bei einem Drachen das Herumwirbeln, bei einem Tiger das Sichducken vor dem Sprung, bei den Vögeln das Kreisen am Himmel, bei einer alten Zypresse ihre Windungen und Krümmungen, und der anmutige Bogen des zunehmenden Mondes ziert den Himmel. Im Serpentinen-Park (*Tschukiang*, berühmter Park im Süden der Tang-Hauptstadt Tschang-an) ist der Frühling herrlicher als anderswo, an einem gewundenen Weg scheinen die Blumen noch viel schöner zu sein, und den Freunden, die sich an einer Flussbiegung zu einem Trunk Wein niedergelassen haben, ist ein größerer Genuss beschieden. Du siehst also, dass die Bedeutung des Rund- und Gebogenseins weit und allumfassend ist."

„Dann hasst du also das, was gerade ist?"

„Das habe ich nicht behauptet. Überall, in Kunst und Gewerbe, in den menschlichen Beziehungen und Obliegenheiten, erzielt die Verbindung des Geraden und Gebogenen die besten Ergebnisse. Beim Bogenschießen ist der Bogen gewölbt, der Pfeil aber gerade. Bei einem Boot muss der Mast gerade sein, die Segel müssen aber blähen. Beim Angeln ist die Schnur gerade, der Haken aber krumm. Beim Zimmer- und Maurerhandwerk braucht man die gerade Richtschnur und das Winkeleisen, ebenso den Zirkel. Manchmal ist es besser, wenn man einem Freund gegenüber die verschleierte Anspielung dem geraden Rat vorzieht; und auch Könige und Herrscher kannst du auf indirekte Weise eher dazu bringen, deinen Standpunkt einzusehen, als durch einen offenen Rat. Es gibt Zeiten, in denen ein Beamter sich streng an das Gesetz halten muss, selbst wenn es dazu führen sollte, dass er seine nächsten Verwandten töten lassen müsste; und es gibt Zeiten, in denen ein Vater sich vor dem Sohn verschließt (sich weigert, ihn von einer Angelegenheit in Kenntnis zu setzen), und umgekehrt. Konfuzius sagt: ‚In Friedenszeiten sprich und handele nach festen Grundsätzen, aber in Zeiten einer Missherrschaft solltest du zwar nach strengen Grundsätzen handeln, in deiner Rede jedoch vorsichtig sein.' Bisweilen muss man in seinen Handlungen gerade und aufrichtig sein, bisweilen aber auch nicht. Die Taktik des Umgehens führt auf geradem Wege zum Erfolg, und indem man fest, aber höflich ist, gelangt man ins Innerste der Angelegenheit."

„Wenn das so ist, warum gibst du dann dem Gebogenen den Vorrang?"

„Nun ja, ich würde den Herrscher gern mit offenen und ehrlichen Ratschlägen leiten, aber der Herrscher richtet sich nicht danach; gern würde ich meine Freunde durch freimütige Kritik zu beeinflussen suchen, doch sie hören nicht auf mich. Ich habe versucht, die Familie nach strengen Maßstäben zu erziehen, aber die Familie wollte sich nicht fügen, und ich war bemüht, nach festen Grundsätzen zu leben, aber die Gesellschaft fand, es fehle mir an Takt. In einer solchen Welt trotzt der Mensch also weder erhobenen Hauptes dem Himmel, noch tritt er fest auf die Erde auf. Er verbeugt sich, macht den Kotau und setzt sich schüchtern auf einen Eckplatz. Er läuft am Flussufer umher, bis er eine Stelle gefunden hat, an der er den Fluss durchwaten kann. Im Schlaf, wenn er ausruht, krümmt er sich zusammen, beugt seinen Körper, wenn er etwas trägt, und verschränkt seine Beine, wenn er auf dem Boden sitzt. Wenn er zur Sonne hinaufschaut, hält er den Kopf schräg. So verrichten wir also alles auf indirekte Weise; wir versuchen einen Bogen um ein Hindernis zu machen, eine Schwierigkeit zu umgehen und geben eine ausweichende Antwort."

„Mir scheint, da hast du einen guten Beweis für das Gebogene geliefert", sagte mein Freund. „Bedeutende Geschichtsschreiber neigten bisweilen ihr Haupt, und hervorragende Feldherren beugten bisweilen das Knie. Der berühmte Dichter Tao Yuanming machte zuweilen eine tiefe Verbeugung. Selbst Konfuzius genoss den Schlaf, indem er seinen Kopf auf den angewinkelten Arm legte."

月下獨酌

Gelage im Mondschein

LI BAI (701-762)

Mit einem Krug voll Wein saß ich inmitten
duftender Blumen ganz allein.
Ich hob den Becher, um den Mond zu bitten,
für diese Nacht mein hoher Gast zu sein.
Da sah ich meinen Schatten, und als Dritten
lud ich auch ihn, den Ewigtreuen, ein.

Der Mond weiß nichts vom Wein und seinen Freuden;
blind folgt der Schatten mir in Freud und Leid.
Und doch – ich trinke gerne mit den beiden.
Denn keinen Frühlingstag soll man vergeuden –
der Frühling ist der Freuden Jahreszeit!

Und als ich singend meine Stimme hebe,
schwankt hoch der Mond ins weite Sternenmeer,
und da ich wie im Traume tanzend schwebe,
schwebt tänzelnd auch mein Schatten um mich her.

Bei klaren Sinnen wussten wir zu scherzen,
und erst die Trunkenheit hat uns getrennt.
Ich liebe euch, ihr Freunde ohne Herzen.
So lebt denn wohl! Bald treffen wir uns wieder
auf irgendeinem Stern am Firmament.

花間一壺酒
獨酌無相親
舉杯邀明月
對影成三人

月既不解飲
影徒隨我身
暫伴月將影
行樂須及春

我歌月徘徊
我舞影零亂
醒時同交歡
醉后各分散
永結無情游
相期邈雲漢

竹林

Im Bambushain

WANG WEI (699-761)

Im Bambusdickicht sitz ich verborgen,
spiel die Laute, summe mir ein Lied.
Und nur der Mond besucht mich hier im Stillen,
da mich ja sonst kein Menschenauge sieht.

飲酒

Beim Wein geschrieben

TAO YUANMING (372-427)

Mitten im Treiben der Menschen baute ich mein Haus,
doch ertönt hier kein Lärm von Wagen und Pferd.
Wie kann dies sein, so magst du fragen –
hat das Herz sich entfernt, folgt der Ort ihm nach.
Am Zaun im Osten pflücke ich Chrysanthemen
und blicke in Muße auf den Gipfel im Süden.
Rein ist die Bergluft bei Sonnenuntergang;
die Vögel kehren heim in Scharen.
In all dem verbirgt sich so viel Sinn –
will ich's erklären, entgleiten mir die Worte.

結廬在人境 而無車馬喧
問君何能爾 心遠地自偏
采菊東籬下 悠然見南山
山氣日夕佳 飛鳥相與還
此中有真意 欲辨已忘言

玉泉

Die Jadequelle

ALTE CHINESISCHE POESIE

Einst trank ich das Wasser einer Quelle in Shang San
und das Wasser war kühl und köstlich und süß.
Aber weißt du auch, dass es Tausende von Meilen entfernt
eine weitere Quelle gibt, die ebenso kristallklar ist?
Mit Eimer und langem Strick hole ich das Wasser,
welches ich in einem Tongefäß zum Sieden bringe.
Du musst dir nicht Hilfe von Loh Hung Chien, dem Tee-Experten, holen,
denn du wirst den Geschmack mögen, wenn du es trinkst.

爱护文
请勿

題辭

Die Widmung

EINTRAG IN EIN GÄSTEBUCH AUS DER MING-DYNASTIE (1368-1644)

Im Herbst des Jahres Ting Yu (1537), als ich mich aus dem öffentlichen Leben zurückzog, kam ich auf meiner Heimreise an der Stadt Soochow vorbei, in der ich einmal als Friedensrichter gedient hatte. Viele meiner Freunde unter der einheimischen Bevölkerung kamen und begrüßten mich. Wir unterhielten einander mit langen Geschichten über alte Zeiten. Und bei einer dieser Gelegenheiten ließ mir Herr Wong Hwai Yui das Privileg zuteil werden, sein Album zu besehen. Dabei bat er mich um eine Widmung. Ich bedaure oft, dass ich nie die Gelegenheit hatte, diesen Garten zu besuchen. Aber beim Anblick dieses Buches konnte ich nicht anders als Wen Chên-Mings Kunstfertigkeit und Genie in der Malerei und den Begleitversen zu bewundern. Er hat alle Aspekte des Gartens lebhaft porträtiert: die kleinen Hügel, den Bach, die Blumen, Vögel, Lauben, Quellen, Steine etc. Meiner Meinung nach wird dieses Werk nicht einmal von einem Bild des Vong Tsai (Name eines wunderschönen Gebirges in der Shensi Provinz) übertroffen.

Ich denke oft, wie bedauerlich es ist, dass dem Besitzer dieses Gartens so viel Ungemach in den Anfängen seiner politischen Karriere widerfuhr. Er diente in der Stellung eines Regierungszensors und während einer Dienstreise in den Osten beleidigte er irgendeinen politischen Demagogen. Aufgrund eines herrschaftlichen Erlasses wurde er daraufhin verhaftet und sein Leben war gefährdet. Aber er hatte Glück und ein guter Freund in offizieller Stellung legte beim Kaiser für ihn ein gutes Wort ein und er wurde verschont. Dieser Vorfall gab Wong Hwai Yui einen landesweiten Ruf als aufrechter und integrer Mann. Zweifellos schuldet er diesem Freund viel, denn der machte es ihm möglich, das Glück eines friedlichen Lebens bis zum heutigen Tag zu genießen. Das hat jedoch nichts mit den Malereien zu tun und wird auch in den Versen nicht angesprochen. Ich war so frei, es einfach aufzuschreiben, damit Wong Hwai Yui darüber lachen kann.

Der Verfasser dieser Inschrift war selbst ein sehr prominenter Beamter.

花木間

Zwischen Lotos und Bambus – Skizzen eines Gartens

WEN CHEN-MING (MING-DYNASTIE, 1368-1644)

Mein Freund Wong Whei Yui, auch Wong Chin Tsz genannt, lebt im nordwestlichen Teil der Stadt Soochow. Seine Residenz liegt zwischen dem Lou-Tor und dem Chi-Tor und besteht aus einen großen Stück Brachland mit einem Teich in der Mitte. Mit erheblichen Anstrengungen ging mein Freund daran, dieses Stück Land zu verschönern, indem er die Sümpfe trockenlegte und eine große Anzahl von Bäumen pflanzte.

Auf der Südseite des Teichs baute er ein Etagenhaus, das er Mong Ing Lou (Traumturm) nannte; auf der Nordseite ist Shih Shu Tong (eine rustikale Villa) mit Van Shan Wu (Laube des Duftes) davor und Yi Yu Shi (Laube neben dem Fels) dahinter. Die letztere ist mit Mong Ing Lou im Norden verbunden.

Den Teich überspannt eine kleine Brücke, die Siao Fee Hung (kleine fliegende Regenbogenbrücke) genannt wird. Wenn man über die Brücke zum nördlichen Ufer geht und dann westlich am Ufer entlang, kommt man zu Fu Yong Whei (Lotosbucht), die von Hibiskusbüschen umrahmt ist.

Im Westen steht auf halber Uferlänge Siao Tsong Long Ting, eine Laube, die ihren Schatten von einer Bambusanpflanzung an ihrer Südseite erhält. Dahinter, in westlicher Richtung, ragt ein Fels ins Wasser, auf dem man sitzen und seine Füße im stillen Gewässer unter sich baden kann. Das Ganze nennt sich Tse Tsiug Tsu (Ort klarer Meditation). Hier wendet sich das Ufer nach Norden. Aus diesem Gesichtswinkel erhält man einen wunderbaren Blick auf den Teich, der so ausladend wie ein See ist. Am gegenüberliegenden Ufer steht eine große Anzahl schöner Bäume. Eine Gruppe von Weiden steht etwas weiter westlich, das ist Liu Au (Weidenbucht).

Am östlichen Ufer erhebt sich ein Erdwall. An seinem Fuß befindet sich ein flaches Felstück, der Tiao Chi (Angelfelsen), wo man seine Freizeit mit Angeln genießen kann. Von hier aus wird das Grundstück nach Norden immer abgeschiedener, die Haine werden dichter und das Wasser klarer. An diesem weiter entfernten Ende ist ein kleiner Teich angelegt und mit dem großen Teich verbunden worden. In diesem kleinen Teich, der Sze Hwa Z (Planschteich) genannt wird, wurden viele Seerosen (Lotosblumen) gesetzt. Das Ufer ist von eintausend wunderschönen Bambuspflanzen umgeben, deren kühler Schatten besonders im Sommer sehr einladend ist. In ihrem Schatten steht eine Laube, die Zing Sung Ting (reine abgelegene Laube) genannt wird.

Weiter im Osten steht eine Gruppe von Orangenbäumen. Sie nennt sich Tai Song Ting (Gemach, um den Frost zu erwarten). Noch weiter östlich, hinter dem Mong Ing Lou, stehen viele schöne Bäume und diese Stelle heißt Ting Sung Feng Tsu (Ort, um dem Seufzen der Kiefern zuzuhören).

Wenn man sich an dieser Stelle der Vorderseite von Mong Ing Lou zuwendet, kommt man zu einer Gruppe sehr alter Bäume, deren herabhängende Äste und dichtes Laubwerk dem Platz darunter kühlen Schatten spenden, wodurch es ein idealer Platz zum Ausruhen ist; das ist Yi Yen Tsu (Platz des Lächelns).

Weiter östlich am Ufer entlang trifft man auf einen Streifen mit Obstbäumen, die den Vögeln eine Heimat bieten. Daher wird dieser Ort auch Lai Jing Yu (Vogelparadies) genannt. Am jenseitigen Ende dieses Hains stehen vier Robinienbäume, die eine Art von Blätterdach bilden; das ist Teh Tsung Ting (Laube der Natur). Dahinter ist Tsung Li Pan (Pflaumenabhang), davor ist Mei Kwei Chia (rosiger Weg) und ein Stück weiter Hsiang Wee Ching (rosiger Pfad). Hier wendet sich das Ufer nach Süden.

Am gegenüberliegenden Ufer kann man eine große Anzahl von Pfirsichbäumen finden, das ist Tao Hwa Pan (Pfirsichbaum-Ufer). Südlich von ihnen befindet sich Siang Chuen Wu (Bambushain). Weiter südlich steht ein alter Robinienbaum, der viel Schatten spendet, das ist Hwai Ho (Robiniendach). Darunter sprudelt ein kleiner Bach, der von einem Steg überquert wird. Von hier aus in östlicher Richtung kommt man durch einen kühlen und schattigen Bambushain mit ein paar verstreuten Ulmen und Robinien als Lückenfüller. Westlich dahinter und direkt am Wasser gelegen ist die wunderschöne Hwai Yui Ting (Besitzers Lieblingslaube). Dahinter ist Er Er Shien (Laube des Vergessens). Und zur Linken Pa Tsiao Chan (Wegerichbalustrade).

Alle Lauben, Häuser und Bauten wurden mit Blick auf das Wasser errichtet. Von Tao Hwa Pan südwärts fließt das Wasser in schmalen Bächen, bis es endlich unterirdisch verläuft und etwa einhundert Meter weiter wieder zwischen dem Bambus auftaucht. Das ist Tso Kan (Bergbach unter Bambus).

Östlich davon ist ein Pflaumenhain, der zur Blütezeit einen überwältigenden Anblick „duftenden Schnees" bietet und an ein schönes Märchenland erinnert. Dieser Ort wird Yo Pu (Garten der Edelsteine) genannt. In diesem Hain steht eine Laube mit dem Namen Chia Zeh Ting (Laube der köstlichen Früchte) und es gibt eine Quelle namens Yu Chien (Jadequelle).

Zu den Themen, die der Künstler zur Darstellung in diesem Buch auswählte, gehören: One Tong (Empfangsraum), ein einstöckiges Haus, sechs Lauben, Balustraden, Teiche, Buchten, Bäche etc., insgesamt einunddreißig verschiedene Ansichten. Der Name, der dem Garten selbst gegeben wurde, ist Tseh Tsen Yuen (Der Garten des nicht erfolgreichen Politikers). Der Besitzer erklärte die Namenswahl wie folgt: „In der Geschichte erinnern wir uns an Pan Yo, der mit seiner eigenen politischen Karriere unzufrieden war, sich zurückzog und seine restlichen Jahre mit Bauen, Bäumepflanzen, Gartenarbeit und Vermarktung der Erträge verbrachte. In seinen Worten ist dies auch eine Art Administration, nur dass sie von den weniger geschickten Politikern durchgeführt wird.

Mein Fall ist dem von Pan Yo nicht unähnlich. Ich habe den größten Teil der letzten vierzig Jahre in der Polik verbracht, allerdings mit geringem Erfolg. Viele meiner Bekannten sind zu hohen und verantwortungsvollen Posten aufgestiegen, während ich mich mit dem Büro des Friedensrichters, dem höchsten Posten, den ich je innehatte, begnügen musste. Und aus diesem habe ich mich kürzlich auch zurückgezogen. Ich sehe mich daher als noch erfolgloser im öffentlichen Leben an als Pan Yo. Ich habe diesen Garten im Gedenken an mein Versagen in der Politik angelegt."

Wie ich es sehe, ist der Fall meines Freundes Wong jedoch vollkommen anders als der von Pan Yo. Wong ist ein anerkannter Gelehrter. Im öffentlichen Leben hatte er einmal das Richteramt inne. Er hat eine beneidenswerte Reputation als ein aufrechter und integrer Mann; und genau aus diesen Gründen hat er bittere Erfahrungen in der Politik gemacht, Auf- und Abstieg erlebt, bis er sein Amt aufgeben musste. Er ist daher niemand, der bereit ist, sich mit dem Nichtstun des Alters zufrieden zu geben oder sich einfach nur treiben zu lassen. Recht verschieden verlief dagegen die Karriere von Pan Yo, der im Beruf ein schamloser Schmeichler war, vor Vorgesetzten buckelte und sich nicht zu schade war, jeden ihrer Wünsche zu erfüllen, womit er sich letztendlich selbst schadete. Obwohl er der Autor der schönen Überlegungen zu den Freuden eines Müßiggänger-Lebens ist, hat er die Politik zu keinem Zeitpunkt in seinem Leben verlassen und konnte daher ein solches Leben auch nicht genießen.

Und es gibt viele bekannte Personen in der Vergangenheit, die sich wie Pan Yo ihre Herzenswünsche nicht erfüllen konnten, weil sie unfähig waren, sich den Zwängen der Politik zu verweigern, oder weil sie es vorzogen, auf den Wellen der Zeit zu schwimmen. Mein Freund hat sich jedoch zum Höhepunkt seiner politischen Karriere zurückgezogen, um den Frieden und das Glück des Privatlebens zu genießen. In den letzten zwanzig Jahren hat er sich in das Bauen, Bäumepflanzen, in Gartenarbeit und Vermarktung der Produkte gestürzt und das so genossen, wie viele der früheren Berühmtheiten, nicht nur Pan Yo, es nie konnten. Er hat sich mit Pan Yo verglichen, vielleicht, um seiner Enttäuschung über seine Misserfolge in der Politik Luft zu machen. Zweifellos gefällt ihm sein jetziges Leben mehr als seine Jahre in der Politik. Der Durchschnittsmensch strebt nach hohen Ämtern und Reichtum, aber er versteht nur sehr selten, dass dabei Gefahren lauern, als wären sie vom Schicksal vorbestimmt. Wäre mein Freund in der Politik erfolgreich gewesen, wären ihm höchstwahrscheinlich andere Missgeschicke passiert. Aber glücklicherweise hat er sich ja weise für ein Privatleben entschieden und ist jetzt über den falschen Glanz auf der Welt erhaben.

Voller Freude ziehe auch ich mich aus dem öffentlichen Leben zurück. Ich hatte nicht denselben Weg eingeschlagen wie mein Freund. Ich stimme ihm allerdings zu, was seine Vorstellungen über weltliche Gelüste angeht. Doch ich habe kein einziges Stück Land, auf dem ich meine Herzenswünsche zum Ausdruck bringen kann, und kann nicht umhin, meinen Freund um sein Glück zu beneiden. Ich habe daher diese Beschreibung des Gartens sowie eine Anzahl kleiner Verse über die verschiedenen Aspekte geschrieben.

Der fünfzehnte Tag des fünften Mondes im zwölften Jahr der Herrschaft von Cha Ching (1533).

藹若常含元氣

Ein chinesischer Garten ist immer ein Gesamtkunstwerk, in dem sich Elemente der Philosophie, der Dichtung, der Malerei und der Kalligraphie miteinander vereinen. Auch der chinesische Garten der Vollendung des Mondes *in Berlin ist durch die vorherrschenden Farben Rot, Weiß und Grau als Gelehrtengarten gekennzeichnet, der zum Verweilen, Philosophieren, Lesen und Betrachten einlädt.*

Gebäude und Gartenprojekte dieses fernöstlichen Schmuckstücks symbolisieren die Meere, Berge und Pflanzen. Vier Pavillons gruppieren sich um einen 4500 Quadratmeter großen See mit sieben Brücken und einer Felslandschaft, aus der Wasser stürzt. Die Besucher genießen original chinesische Teekunst im bedeutendsten und größten Gebäude des Chinesischen Gartens, dem Pavillon des himmlischen Tees.

Der Chinesische Garten im Erholungspark Marzahn ist ein stolzes Ergebnis der seit 1994 bestehenden Städtepartnerschaft zwischen Berlin und Peking und besonders dem Berliner Beauftragten dieser Städtepartnerschaft, Herrn Manfred Durniok, zu danken. Mit der Eröffnung des Gartens im zehnten Jahr der deutschen Wiedervereinigung wählten die Pekinger Namensgeber den Mond als Sinnbild für die wiedergewonnene Einheit Berlins. Das Symbol des Mondes steht in China für Liebe, Harmonie, Freundschaft und Glück.

Der größte chinesische Garten Europas ist ein leuchtendes Zeichen der Partnerschaft zwischen Berlin und Peking, eine wichtige Brücke über die Kontinente hinweg, die die kulturelle Vielfalt Berlins eindrucksvoll veranschaulicht.

Allen Leserinnen und Lesern dieses Buches wünsche ich unterhaltsame Stunden. Sie werden in Gedanken durch den Chinesischen Garten wandern, eine fremde Kultur kennen lernen und vielleicht den Wunsch haben, diesen in natura im Garten der Vollendung des Mondes *in Berlin zu erleben.*

EBERHARD DIEPGEN, Regierender Bürgermeister von Berlin

EIN TRAUM WIRD WIRKLICHKEIT

CAT
320
CAT
CAT

創 舉

DIE INITIATIVE

HERBERT KUNDLER

Den Chinesischen Garten in Berlin-Marzahn, den größten seiner Art in Europa, gäbe es nicht ohne Manfred Durniok. Ihn ließ die Idee nicht los, dass es ein faszinierender kultureller Brückenschlag wäre, in Berlin einen jener klassischen Chinesischen Gärten nachzugestalten, über deren Tradition und Bedeutung für das chinesische Lebensgefühl bis zurück in die Zeit des Konfuzius dieses Buch aus vielerlei Blickwinkeln Auskunft gibt.

Manfred Durniok, der von den Palastgärten Pekings bis zu den Gelehrtengärten in vielen Teilen des Landes zu einem kenntnisreichen Bewunderer der chinesischen Gartenkultur wurde, hatte nicht nur die Idee, aus der der *Garten der Vollendung des Mondes* hervorgegangen ist, er entwickelte auch die Beharrlichkeit, sie glaubwürdig und mit hervorragend qualifizierten Experten in die Tat umzusetzen – nicht auf ein paar hundert dekorativ gestalteten Quadratmetern Gartenland, wie anfangs einige seiner ersten amtlichen Gesprächspartner glaubten, sondern als großräumige Parkanlage, in der alle Elemente chinesischer Gartenkunst zur Entfaltung kommen.

Dass einem Privatmann dergleichen gelingen würde, schien unwahrscheinlich. Dass es dennoch dazu kam, hängt unmittelbar mit der Person des Initiators und Koordinators Manfred Durniok zusammen, bei dem sich Phantasie, künstlerischer Gestaltungswille, Organisationsgabe und Einfühlungsvermögen in seine Partner in glücklicher Weise vereinigen.

Berlin nutzte das, indem es ihn zum Beauftragten des Regierenden Bürgermeisters für die Städtepartnerschaft Berlin-Peking ernannte. Die Stadt Peking wiederum verlieh ihm bei seinem hundertsten China-Besuch im September 1999 die Ehrenbürgerwürde.

Der gebürtige Berliner Manfred Durniok, Sohn eines Juristen, studierte an der Freien Universität Berlin Jura. Doch schon damals ergab sich die Weichenstellung für eine Filmlaufbahn. Als Dreiundzwanzigjähriger drehte er den Dokumentarfilm *Menschen an Haltestellen*, eine, wie er selbst sagt, „Fingerübung, um ein Gespür für große Stoffe zu entwickeln". Dennoch erhielt schon diese Arbeit ein Prädikat der Filmbewertungsstelle. Als Stipendiat an der Harvard University verließ ihn die Filmleidenschaft nicht. Es entstand der Kurzfilm über Harlem *Black New York*, für den er seinen ersten Bundesfilmpreis bekam. Dies waren die Anfänge. Seither sind von den rund 600 Filmen seiner Produktion mehr als fünfzig mit deutschen und internationalen Preisen ausgezeichnet worden, unter ihnen der Academy Award („Oscar") für den „Best Foreign Language Film of the Year" – es war der 1982 bei den Filmfestspielen in Cannes erstmals aufgeführte *Mephisto* in der Regie von István Szabó mit Klaus Maria Brandauer in der Hauptrolle. Aus der gewaltigen Liste der Produktionen – von dem vielfach preisgekrönten *Oberst Redl* bis zu *Hotel Shanghai* nach dem Roman von Vicki Baum – ist selbstverständlich auch der unter der Regie von Frank Beyer produzierte Film *Das letzte U-Boot* zu nennen.

Neben der großen, international erfolgreichen Spielfilmproduktion steht eine kaum noch überschaubare Vielfalt dokumentarischer Arbeiten, darunter auch die Serie *Das war die DDR*. Allein bis zur Wiedervereinigung produzierte Durniok zwanzig Berlin-Filme, und er versuchte, wenigstens im Film die Trennung der Menschen in Ost und West aufzulockern. Er hatte sie nicht nur in Berlin vor Augen. Auch dem geteilten Jerusalem galt eine seiner Produktionen.

Seine Vorhaben führten ihn in nahezu alle Teile der Welt. So entstanden auch vielfältige Beziehungen zu chinesischen Künstlern und Filmemachern. 1979 veröffentlichte der Fotograf Durniok den Band *Faces of China*, 1981 erschien der Fotoband *China ändert sein Gesicht*. Doch verbanden sich die China-Reisen des Filmproduzenten und Fotografen immer wieder mit der Förderung des Gartenprojektes und mit der Vorstellung, dass es gelingen müsse, auf diese Weise eine Brücke zwischen Menschen und Kulturen zu schlagen.

Eine entscheidende Phase vollzieht sich, als das *Peking Institute of Landscape and Traditional Architectural Design* nicht nur die konzeptionelle Gestaltung des Chinesischen Gartens in Berlin übernimmt, sondern auch die ersten 60 Container mit 100 Tonnen symbolträchtigem Felsgestein und originalen Bauelementen aus China nach Berlin verschifft. Frau Shulin Zhang, Leiterin des Gartenbauamtes der Hauptstadt Chinas, und der Gartenbauarchitekt Jin Boling engagieren sich für das Projekt in der Ferne, das 1999 auch der Oberbürgermeister von Peking, Liu Qi, in Augenschein nimmt. Der Senat von Berlin beauftragt

Grün Berlin Park und Garten GmbH mit den Arbeiten vor Ort. Der ehrenamtlich tätige Koordinator Durniok gewinnt Sponsoren. VW Shanghai stiftet das Große Teehaus, die Lufthansa befördert als Sponsor Experten und Facharbeiter der *Ancient Building Construction Company* nach Berlin und zurück in die Heimat, die Stadt Peking lässt als Geschenk einen Pavillon errichten.

Als Manfred Durniok seine Vorstellung von der Präsentation klassischer chinesischer Gartenkultur in Berlin entwickelte, war die Stadt noch geteilt. Die Einbeziehung eines chinesischen Gartens in das Gelände der seinerzeitigen Bundesgartenschau in Britz erschien ihm nicht als optimale Lösung. Nach dem Fall der Mauer wurde ein Stück Sumpfland in Adlershof ins Gespräch gebracht. Der Erholungspark Marzahn erwies sich dann als reizvolles und vielversprechendes Areal, umso mehr, als auf dem nahen Hügel auch die Errichtung einer das Ganze überschauenden Pagode möglich wäre, was dem klassischen Vorbild nahe käme. Die Wahl eines Areals im Osten Berlins empfand Manfred Durniok zugleich als Beitrag zur Beseitigung des durch die politischen Umstände hervorgerufenen jahrzehntelangen Auseinanderlebens diesseits und jenseits der Mauer. In vielen seiner filmischen Arbeiten hatte er die Teilung seiner Heimatstadt und die erzwungene Trennung der in ihr lebenden Menschen thematisiert. Auch insofern war die Wahl Marzahns konsequent: Was noch im Westteil der Stadt angedacht war, konnte nun in ihrem östlichen Teil verwirklicht werden.

Die Einweihung des Chinesischen Gartens zu Berlin-Marzahn am 15. Oktober 2000 hat deutlich gemacht, dass dieses Ensemble von Natur und Gartenarchitektur als Symbol der Städtepartnerschaft Berlin-Peking eine neue hauptstädtische Sehenswürdigkeit darstellt. Der Name *Garten der Vollendung des Mondes* soll Freude über die Wiedervereinigung Deutschlands zum Ausdruck bringen und eine Brücke zu den kulturellen Traditionen Chinas schlagen. In ihnen spielt der Mond eine ganz besondere Rolle. Noch heute wird alljährlich im Herbst das Vollmondfest als Fest der Versöhnung und Harmonie gefeiert. Dies ist die Sinngebung, die sich mit dem Namen des Gartens verbindet.

Der Initiative zur Gründung des Gartens und seiner Realisierung muss eine zweite folgen: ihn und sein klassisches Ambiente zu einem Ort besinnlicher Begegnungen werden zu lassen, wie es der so viele Geschichtsperioden überdauernden Tradition der chinesischen Gärten entspricht, die erstmals zu Zeiten der Shang-Dynastie (1600-1100 v. Chr.) entstanden und seither ein immer von neuem kunstvoll belebter Bestandteil chinesischer Kulturgeschichte sind.

8869 39 6
KR 2210
MAX.GROSS 24.000 KG. 52.910 LB.
TARE 2.290 KG. 5.050 LB.
PAYLOAD 21.710 KG. 47.860 LB.
CUBE 33.0 CU.M. 1.166 CU.FT.
HANJIN
SHIPPIN
CO.,LTD.

Der Chefarchitekt Jin Boling und Manfred Durniok im Sommerpalast in Peking

Mitarbeiter des chinesischen Planungsbüros und Manfred Durniok in Peking

Zhang Shulin und Heinz Fanselau im Beisein von Jin Boling und Manfred Durniok bei der Unterzeichnung des Vertrages über die Städtepartnerschaft Berlin-Peking

Manfred Durniok und der Oberbürgermeister von Peking, Liu Qi, in der Eingangshalle des Gartens der Vollendung des Mondes

Der Vorarbeiter Zhao Hongchen, Manfred Durniok, der Bezirksbürgermeister von Berlin-Marzahn, Dr. Harald Buttler, Dr. Martin Posth, Botschaftsrat Liu Qibao und der Senatsbaudirektor Dr. Hans Stimmann bei der Grundsteinlegung

Ansprache des Regierenden Bürgermeisters von Berlin, Eberhard Diepgen, im Beisein von chinesischen Facharbeitern, des Bezirksbürgermeisters von Berlin-Marzahn, Dr. Harald Buttler, von Botschaftsrat Liu Qibao und Manfred Durniok bei der Grundsteinlegung

Geschäftsführer von Grün Berlin, Hendrik Gottfriedsen, Manfred Durniok und der Senator für Wirtschaft und Technologie, Wolfgang Branoner, bei der Einschaltung der Bewässerungsanlage

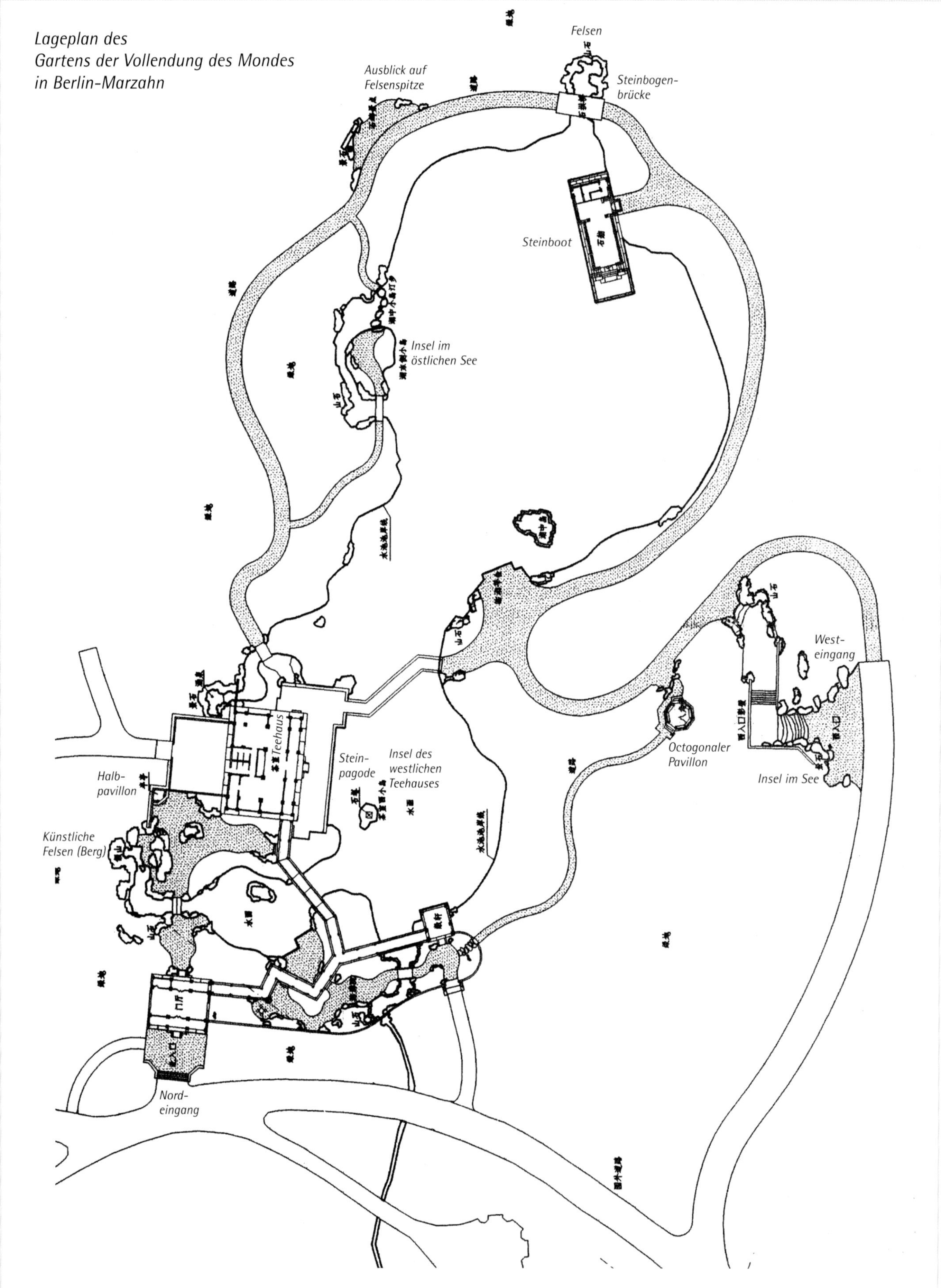

Lageplan des Gartens der Vollendung des Mondes in Berlin-Marzahn

園冶

YUAN YE – GARTENGESTALTUNG

CHINAS KLASSIKER ÜBER GARTENBAUKUNST VON JI CHENG (MING-DYNASTIE 1368-1644)

Das Buch *Yuan Ye* („Gartengestaltung") erschien 1631, kurz vor dem Zusammenbruch der Ming-Dynastie in China. Ji Cheng, der Autor, war ein Dichter, Maler und bedeutender Gartenarchitekt. Das Buch ist ein Klassiker. Es hatte einen entscheidenden Einfluss auf die Gartenkunst in China und Japan. Es verband als Handbuch für Gartenbauer die Philosophie von Laozi und Zhuangzi mit der alltäglichen Praxis der Gestaltung. Insgesamt besteht das Buch aus drei Kapiteln.

Das erste Kapitel setzt sich aus fünf Abschnitten zusammen:

Neben einer autobiographischen Einleitung beinhaltet der erste Abschnitt vor allem die historisch-theoretischen und methodischen Ansätze der Gartengestaltung sowie die Rolle des Gartengestalters.

Im zweiten Abschnitt geht es um die Topographie des Gartengrundstückes und um die Relation zwischen topographischen Merkmalen und der künstlerischen Konzept- und Gestaltfindung. In diesem Kontext werden die Grundstücksarten klassifiziert (z. B. Wasser/Ufer, Berg/Wald/Bach, Fels/Hang/Fluss, Stadtrand/Straße usw.).

Der dritte und vierte Abschnitt befassen sich mit der Positionierung der Fundamente und der künstlerischen Komposition der Baukörper im Gartenraum. Die Baukörper sind ebenfalls nach Form und Funktion prototypisch klassifiziert (z. B. Pavillon, Plattform, Korridor/ Säulengang, Brücke usw.). Die Beschreibungen betreffen auch die Innenzonen der Bauten.

Der fünfte Abschnitt setzt sich insbesondere mit dem Arrangement der Details und der Komposition der wesentlichen Bausubstanzen auseinander, unter besonderer Berücksichtigung der visuellen Brennpunkte, Schnittstellen, räumlichen Überlappungen und Übergänge.

Eingangshalle des Gartens

Das zweite Kapitel widmet sich ausschließlich dem Geländer, viele typische Standards werden dargestellt und ästhetisch bewertet.
Das dritte Kapitel ist in fünf Abschnitte aufgeteilt. Die ersten vier befassen sich mit der Gestaltung und Umgestaltung von Fenstern und Türen, Gartenmauern, verschiedenen Arten der Oberflächengestaltung von Wegen, Plätzen usw., Bergen (auch künstlichen Hügeln), Gewässern (Teiche, Bäche, Wasserfälle usw., auch künstlich angelegte), Steinen und Steinformationen. Der fünfte und letzte Abschnitt des Buches ist dem sogenannten „Borgen der Szenen" von der Natur und außerhalb der Gartengrenze gewidmet. Hierbei handelt es sich um das Ein- und Ausblenden sowie Einrahmen von Szenerien außerhalb der Gartengrenze (z. B. Einfangen des Sternenhimmels in der Spiegelung des Teiches, Blick durch eine schmale Maueröffnung auf einen Blütenast auf der anderen Seite). Andererseits werden die Wandlungen der Natur quasi als Mitgestalter des Gartens einbezogen (z. B. Jahreszeiten, Launen und Stimmungen). Dies geschieht visuell, akustisch und olfaktorisch. Visuell beispielsweise ist von einem mehrstöckigen Pavillon im Sommer bei dichtem Laub im Vordergrund nur mehr das Dach sichtbar, es scheint, als schwebe es über den Baumkronen. Im Winter, durch das Astwerk der Bäume, erscheint der ganze Pavillon im Nebeldunst wie ein auf einem See treibendes Boot. Akustisch atmosphärisch sind beispielsweise die Laute der ersten Regentropfen, die an einem schwülen Sommertag auf die trockenen Palmblätter neben der Leselaube fallen. Olfaktorisch wirkt der plötzliche starke Duft wilder Blüten oder Gräser auf den Wanderer im Garten.

EINIGE ZITATE VON LAOZI, ZHUANGZI UND JI CHENG

Die 10 000 Dinge sind die Manifestation des Seins. Das Sein stammt von Nicht-vorhanden-Sein. *(Laozi)*

Eingeengt durch den Raum kann ein Frosch im Brunnen nicht begreifen, was ein Ozean ist. Begrenzt durch die Zeit, kann ein Sommerinsekt nicht verstehen, was Eis ist. *(Zhuangzi)*

Wer das Grundstück und die Gegend unvoreingenommen wahrnimmt - frei vom Ballast des Wissens und den Konventionen - wird oft ganz von selbst das Konzept für den Gartenentwurf finden. *(Ji Cheng)*

Das Leben der 10 000 Dinge braucht Freiraum. Das bereits Vollkommene steht kurz vor seinem Verfall. *(Laozi)*

Ein Garten sollte poetische Empfindungen hervorrufen, von Flüssen, die in unendliche Ferne fließen, und von Berglandschaften, die am Horizont mal klar und mal verschwommen erscheinen. *(Ji Cheng)*

Das Gelingen eines Gartens hängt zu neunzig Prozent vom Konzept des Gestalters und zu zehn Prozent vom Können der Handwerker ab. *(Ji Cheng)*

Für einen Garten ist ein entlegener Ort vorzuziehen. *(Ji Cheng)*

Eine Gartenmauer muss sich nicht mechanisch dem Gelände anpassen. Sie kann um eine horizontale Oberkante zu erzielen durchaus am Boden kurvig verlaufen. Sie muss nicht eine durchgehend gleiche Breite wie Höhe haben. *(Ji Cheng)*

Steinboot
Ostansicht

TRITON

TNU 278780 3
22G1
HJCU
886
905

Mauer mit Bepflanzungsentwurf

SIGMA COA

SIGMA

尊敬的女士们，先士们

我非常荣幸能够代表北京市园林局和北京园林界的同行来柏林参加得月园的开园仪式。十年前我认识了当时正在为建造这个中国园而多方奔走的杜尼约克先生。些后我们一直密切合作。并促成了范塞劳先生和我在一九九四年分别代表双方市政府签署了合作建园的协议。如今得月园已经作为北京市和柏林市友好合作的象征在这里实现了。我感到十分高兴和欣慰。并表示热烈的祝贺。

女士们，先士们，现在世界上很多人都知道中国园林艺术是一个具有两千多年历史的独特体系。它突出的特点是把人工的建筑和自然的山水树石，依照自然的规律完美地组合在一起。

中国园林源于自然又高于自然，或者说把自然中的人认为是最美，最有诗情画意的部分提炼出来布置在花园里，它反映中国古代先哲"天人合一"的自然观。这是表达人类要于自然和谐共存的最古老的观念。

经过长期的发展，中国园林形成了很多流派和地方风格。得月园是在中国南方私家园林的基础上又结合现代公园的要求而创作的。这种园林的风格是精致而素雅。

在北京我们还有更为富丽堂皇而又规模宏大的皇家园林。现在已列为世界文化遗产的颐和园是皇家园林的代表作。

另外还有同时列为世界文化遗产的天坛，以及北海香山，圆明园遗址等。这些古园林总占地达数千公顷。

今天我们有幸把体现中国传统园林艺术的得月园奉献给同样具有悠久历史和文化的德国人民。是一件很有意义的事。因为我们都在继承各自的传统中获得了十分有益的启迪。现在我们还要互相了解和学习对方的文化来丰富和完善自己。

我得知，得月园还没有建成就得到了德国人民的厚爱。甚至很多人专程从很远的地方前来参观。我很受感动。并借此机会向友好的德国人民表示衷心的谢意。

女士们，先士们，我这次来柏林在我的东道主，得月园的建设方－绿色柏林有限公司的悉心安排下，参观了这座伟大而美丽的城市。出于职业的感觉，柏林城市的环境规划和绿化给我留下了深刻的印象。其中有很多是非常值得我们学习和借鉴的。

我真诚地希望通过得月园合作建设的成功，使我们两个城市的园林工作者之间建立起更为密切和有效的合作机制，在共同的发展中加深我们的友谊和了解。

谢谢

ANSPRACHE BEI DER ERÖFFNUNG DES CHINESISCHEN GARTENS

ZHANG SHULIN

SEHR GEEHRTE DAMEN UND HERREN,

ich freue mich sehr, dass ich im Namen des Gartenamtes von Peking und der Kolleginnen und Kollegen vom Fach der chinesischen Hauptstadt hier in Berlin sein darf, um an der Eröffnungsfeier des *Gartens der Vollendung des Mondes* teilzunehmen. Vor zehn Jahren lernte ich Herrn Durniok kennen, der keine Mühe scheute, um diesen Garten ins Leben zu rufen und zu bauen. Seitdem arbeiten wir eng zusammen. Das führte dazu, dass im Jahre 1994 Herr Fanselau und ich jeweils unsere Stadtregierungen vertretend die Vereinbarung zum gemeinsamen Aufbau des Gartens unterzeichneten. Heute ist der *Garten der Vollendung des Mondes* Wirklichkeit geworden. Er ist ein Symbol der freundschaftlichen Zusammenarbeit zwischen Peking und Berlin. Darüber bin ich sehr froh und glücklich und möchte dazu gratulieren, dass der Garten entstanden ist.

Meine Damen und Herren, vielen Menschen auf der Welt ist die chinesische Gartenkunst als eine eigenständige Disziplin bekannt, die über eine mehr als zweitausendjährige Geschichte verfügt. Ihre herausragende Charakteristik ist die einheitliche Komposition aus den von Menschen geschaffenen Bauten und von der Natur gegebenen Elementen wie Berge, Wasser, Bäume und Steine. Diese ästhetische Einheit folgt den Rhythmen und Gesetzmäßigkeiten der Natur. Die Quelle des chinesischen Gartens ist die Natur. Er ist jedoch eine Erhöhung der Natur, insofern, als der Mensch das, was er in der Natur am ästhetischsten und am poetischsten findet, sublimiert in den Garten einbringt. Er spiegelt die Naturschau der frühzeitlichen chinesischen Philosophen von „Eins-Sein von Himmel und Mensch" wider. Dies ist eine sehr alte Anschauung, die zum Ausdruck bringt, dass der Mensch mit der Natur harmonisch koexistieren möge.

Nach einer langwierigen Entwicklung entstanden in China viele Schulen der Gartenkunst und verschiedene lokale Stile. Der *Garten der Vollendung des Mondes* entstand konzeptionell auf der Grundlage der südchinesischen Privatgärten in Verbindung mit den funktionalen Anforderungen eines modernen Parks. Der Stil dieser südchinesischen Gärten ist von einer schlichten und subtilen Eleganz.

In Peking befinden sich die kaiserlichen Gärten. Sie sind wesentlich prunkvoller und weiträumiger. Der Sommerpalast (*Yihe Yuan*) ist ein repräsentatives Werk dieser kaiserlichen Gärten. Neben ihm wurden auch der Himmelstempel, der *Beihai-Xiangshan*-Park sowie der *Yuanming*-Garten und andere Gärten zum Weltkulturerbe erklärt. Die Gesamtfläche dieser alten Gartenanlagen in Peking beträgt mehrere tausend Hektar.

Heute haben wir das Glück, den *Garten der Vollendung des Mondes*, der die Tradition der chinesischen Gartenkunst verkörpert, der deutschen Bevölkerung zu übergeben, die über eine lange Geschichte und Kultur verfügt. Das ist ein sehr wichtiges Ereignis, weil wir in der Fortsetzung unserer jeweiligen Traditionen bereits vieles gewonnen haben, und wir können uns darüber hinaus, indem wir die Kultur des anderen verstehen und schätzen lernen, selbst bereichern und vervollständigen.

Ich hörte, dass der *Garten der Vollendung des Mondes* schon vor der Fertigstellung großen Anklang in der deutschen Bevölkerung fand. Viele Menschen sind von weit her gereist, um sich diesen Garten anzuschauen. Das hat mich sehr beeindruckt. Ich möchte mich bei dieser Gelegenheit ganz herzlich dafür bei der freundlichen deutschen Bevölkerung bedanken.

Meine Damen und Herren, bei meinem Besuch in Berlin hatte mein Gastgeber *Grün Berlin*, der von der deutschen Seite den *Garten der Vollendung des Mondes* aufgebaut hat, sorgfältig ein Programm arrangiert, so dass ich diese großartige und schöne Stadt besichtigen konnte. Aus professioneller Sicht muss ich sagen, dass ich von der Stadt- und Umweltplanung und von den Grünanlagen Berlins zutiefst beeindruckt bin. Vieles davon ist für uns beispielhaft und lernenswert. Ich hoffe aufrichtig, dass sich durch den erfolgreichen kooperativen Aufbau des *Gartens der Vollendung des Mondes* zwischen den Gartenbau-Spezialisten unserer beiden Städte eine noch intensivere und effizientere Zusammenarbeit ergeben wird und dass wir in unserer gemeinsamen Entwicklung unsere Freundschaft und Verständigung vertiefen.

Vielen Dank

得月園

DER GARTEN DER VOLLENDUNG DES MONDES

反映

REFLEXIONEN

SIMONE LANG UND TING-I LI

Einen chinesischen Garten zu betreten gleicht dem Eintauchen in eine chinesische Landschaft. Kommt der Besucher von außen auf den *Garten der Vollendung des Mondes* zu, werden zunächst Fragmente und Ausschnitte der Anlage sichtbar. Hinter den Silhouetten einer Baumgruppe schimmert eine Mauerfläche durch. Irgendwo scheint ein geschwungenes Dach zu schweben. Die architektonischen Elemente offenbaren sich nicht als Ganzes, sondern deuten nur den Raum an, den sie umschließen. Nichts ist in seiner ganzen Gestalt auf Anhieb sichtbar. Im Vergleich zum gewohnten europäischen Garten fallen dem Besucher zunächst viel Wasser, diverse Inseln und Zickzack-Brücken auf. Es gibt auch keine strenge Achse oder schnurgerade Wege. Der Garten verführt den Besucher dazu, immer tiefer in sein Inneres einzutauchen.

Der chinesischen Gartenkonzeption liegt das Prinzip des „Eins-Sein von Himmel und Mensch" beziehungsweise des „Eins-Sein von Natur und Mensch" *(tian ren he yi)* zugrunde. Ein Garten ist eine Inszenierung in der Natur und mit der Natur. Menschliches Wirken und die Natur harmonieren und spielen miteinander. Das menschliche Gestalten soll der Natur nichts aufzwingen, sondern vielmehr die natürlichen Gegebenheiten in ihrer Schönheit unterstreichen.

Die Wurzeln dieser Ästhetik liegen in der chinesischen Tradition.

Das chinesische Wort für „Natur" bedeutet sinngemäß „von selbst so sein". Der Garten bietet dem Spiel der Natur Raum und überlässt die Dinge ihrem „so sein". Er bildet die Kulisse, in der sich Mensch und Natur vereinigen können.

Auch das chinesische Wort für Landschaft drückt diesen Hintergrund anschaulich aus: Es setzt sich zusammen aus den beiden Schriftzeichen für „Berg" und „Wasser". Berg und Wasser sind für jeden chinesischen Garten unentbehrlich, und sei der Berg noch so klein und der Teich noch so winzig. Selbst Utensilien der Kalligraphie und Malerei beinhalten Miniaturen von Berg und Teich. So sind die Pinselhalter häufig Miniberge aus Porzellan, Stein oder Jade. Die Tusche wird auf Reibsteinen mit Wasser aufgelöst und gleicht dabei kleinen Seen.

Der chinesische Garten in Marzahn spiegelt dieses Prinzip wider. Er enthält einen bewaldeten Hügel und einen See, der von einem kurvigen Weg umschlossen wird. Wie einzelne Perlen einer Kette verbindet dieser Weg lose die verschiedenen Stationen des Gartens, wie beispielsweise ein Teehaus, einen Pavillon und ein Steinboot. Auffällig ist, dass der Weg in seiner Breite variiert, keine Strecke schnurgerade verläuft und dass selbst die Uferränder des Sees jede reguläre Geradlinigkeit vermeiden.

In China werden zwei Arten von Gartenbewunderung und -betrachtung unterschieden:

So bieten die gewundenen Wege und die Zickzack-Brücken dem Besucher beim Gang durch den Garten ständig wechselnde Perspektiven und unterschiedliche Motive (*dong guan:* Betrachtung in der Bewegung).

Auch gibt es andererseits viele Ruhepunkte mit unterschiedlichen Akzenten. Pavillons, meist auf einer Anhöhe gelegen, bieten einen Panoramablick. Der Besucher kann in aller Gelassenheit die Natur auf sich wirken lassen (*jing guan:* Betrachtung in der Ruhe). Gerade in der ruhigen Betrachtung kann man die subtilen und vielfältigen Veränderungen in der Natur besser wahrnehmen und sich poetischen Bildern und Stimmungen hingeben. Der Blick von einer Brücke auf die von Wellen leicht bewegte Spiegelung der Umgebung im Wasser kann beispielsweise die Illusion hervorrufen, man schwebe irgendwo zwischen Himmel und Erde. Das Schaffen von Illusionen und die Vermengung von Wirklichem und Illusionärem ist eine wichtige Komponente der chinesischen Gartenkunst.

Innenräume sind auf vielfältige Weise mit dem Garten verbunden. Beim Durchwandern des Gartens und seiner Gebäude bieten sich daher überraschende Aus- und Einblicke. So bildet eine kleine Maueröffnung plötzlich einen Rahmen, durch den der Ausschnitt eines Baumes zu sehen ist, eine schmale Gasse öffnet sich zu einem weiten Raum und ein kleiner Teich mit Bambus und Steinen wird durch eine Fensteröffnung sichtbar. All diese Mikrowelten stehen dabei immer in Bezug zur Makrowelt der Natur. Ob innen oder außen, ob im großen Maßstab oder im kleinen, überall ist die Natur präsent. Fragmente weisen immer auf das Ganze hin und das Ganze wiederholt sich höchst variiert beständig im kleinsten Detail.

„Gelage im Mondschein“
von Li Bai
Seite 97

An ausgewählten Stellen in Innen- und Außenräumen des Gartens befinden sich dekorative Elemente. Dabei geht es weniger allein um die kunsthandwerkliche Raffinesse des jeweiligen Gegenstandes als vielmehr um dessen poetischen oder symbolischen Gehalt und um sein Arrangement. Das Verständnis dieser Symbolik hängt eng mit Besonderheiten der chinesischen Sprache und Schrift zusammen.

Jedes chinesische Schriftzeichen besitzt eine spezifische Form, eine oder mehrere Bedeutungen und im allgemeinen eine bestimmte Aussprache. Die Schriftzeichen sind in ihren Formen äußerst differenziert, ihre Aussprache jedoch ist häufig sehr ähnlich. Entdeckt man beispielsweise Fledermausmotive an einer Hangwand, so sind diese ein Symbol für Glück, da die ansonsten völlig verschiedenen Schriftzeichen für die Begriffe „Fledermaus" und „Glück" im Chinesischen nahezu dieselbe Aussprache *(fu)* besitzen. Analog symbolisieren Fischmotive oder auch Goldfische in einem Teich „Überfluss" *(you yu)*.

Der Symbolgehalt vieler dekorativer Elemente bezieht sich aber auch auf die ihnen zugeordneten Eigenschaften. In diesem Sinne verweist Bambus, der hohl, biegsam und schwer zu brechen ist, auf eine unvoreingenommene, aufrechte und charakterstarke Persönlichkeit. Auch Poeten und Literaten verwenden gern allgemein bekannte Symbole wie beispielsweise das Bild der Chrysantheme. Dies veranschaulicht das Gedicht *Die Chrysantheme* von Wei Yingwu aus dem 8. Jahrhundert.

„Die Chrysantheme“
von Wei Yingwu
Seite 199

Schrifttafeln gehören zum chinesischen Garten wie Gedichte zu chinesischen Gemälden. Sie sind gewissermaßen der i-Punkt einer Szenerie. Ihr Inhalt und ihre graphische Darstellung (ihre Kalligraphie) können Assoziationen auslösen und Bilder jenseits der sichtbaren Umgebung evozieren. Diese enge Wechselwirkung zwischen Szenerie und Vers hat eine lange Tradition und bekräftigt die Stimmung der Landschaft. Im *Garten der Vollendung des Mondes* in Marzahn findet dieses Prinzip vielfältige Anwendung. Die chinesische Seite hatte diesen Namen für den Garten vorgeschlagen, um damit zum einen die Freude über die Wiedervereinigung Deutschlands zum Ausdruck zu bringen und zum anderen eine Brücke zur chinesischen Kultur zu schlagen. Der Mond wird in China besonders geehrt. So feiert jede Familie alljährlich im Herbst das Vollmondfest, ein Fest der Versöhnung und Harmonie. Wie wichtig der Mond für China ist, ist auch daran zu erkennen, dass noch heute neben dem internationalen Sonnenkalender der jahrtausendealte Mondkalender benutzt wird. Eine schöne Geschichte, die zeigt, wie das Mondfest im alten China gefeiert wurde, ist aus dem 17. Jahrhundert überliefert: *Herbstmond am Westsee*.

„Die schöne Frau“
Seite 65

„Herbstmond am Westsee“
Seite 195

Sämtliche im *Garten der Vollendung des Mondes* in Marzahn angebrachten Schrifttafeln haben einen direkten oder indirekten Bezug zum Mond.

Zum Beispiel ist am achteckigen Pavillon eine Schrifttafel angebracht, die den Namen des Pavillons trägt: *Pavillon, der den Mond einlädt*. Dieser Name bezieht sich auf das Gedicht *Gelage im Mondschein* von Li Bai (701-762), einem der bekanntesten Poeten der chinesischen Geschichte.

Der Pavillon war natürlich nicht nur ein Ort für Wein und Gesang. Je nach Jahreszeit und Anlässen diente er als Plattform zur Begrüßung des Frühlings, als Rastpunkt bei Wanderungen, als ein Ort der Meditation oder auch des geselligen Beisammenseins.

Der Teeraum des am See liegenden Teehauses hat den Namen „Bergraum der Tautropfen des Cassiabaumes". Das mag zunächst sehr kryptisch klingen, hat seine Tradition aber in der chinesischen Geschichte und verweist darauf, Tee mit dem Wasser von gesammelten Tautropfen aufzugießen. Zudem spiegeln sich nach chinesischer Auffassung in einem kleinen Tautropfen Himmel, Erde und Mond und somit der ganze Makrokosmos.

Am Teeraum sind noch zwei weitere Sprüche angebracht: „Im Mondschein tretet ein, Winde aus Süd, West, Nord und Ost. Ihr seid willkommen." Auch diese Bedeutung erschließt sich erst durch genauere Kenntnis der chinesischen Tradition: Jeder Mensch, der sich bewegt, verursacht einen leichten Windzug, der beispielsweise in chinesischen Tempeln im aufsteigenden Rauch der Weihrauchkerzen klar sichtbar wird. Kommt ein Gast, so sagt man auch: „Es kommt ein Wind." Die am Teeraum angebrachten Sprüche bedeuten folglich übertragen: „Gäste aus allen Himmelsrichtungen, herzlich willkommen!"

Vergleichbar mit einem Wiener Café ist das Teehaus ein Ort der Kommunikation. In alter Zeit gingen alle Schichten der Bevölkerung, vom Kuli bis zur Gentry, im Teehaus ein und aus. Viele Stammgäste hatten ihre Stammplätze und es fanden auch allerlei unterhaltende Veranstaltungen statt. Man spielte Schach, trank Tee, plauderte und tauschte profane bis staatstragende Neuigkeiten untereinander aus. Diese waren oft Stoff und Anlass für die Märchenerzähler, die in regelmäßigen Abständen zu Gast in Teehäusern waren. Klatschte man im Teehaus zum Beispiel über Liebesaffären, so nahm der Märchenerzähler dies als Grundlage und spann den Faden weiter. So entstanden sehr geistreiche und spannende Geschichten wie beispielsweise *Die Schöne Frau*.

Das vielfältige und symbolhafte Dekor eines chinesischen Gartens dient in seiner Gesamtschau dem wichtigsten Ziel der chinesischen Gartengestaltung: dem Eins-Sein von Himmel und Mensch (Natur und Mensch). Der Mensch baut zwar den Garten, aber so, als hätte die Natur selbst ihn geschaffen. Würde man die menschliche Absicht spüren, würde diese die Stimmung im Garten verderben. Diese Philosophie der „Spurlosigkeit" wurzelt ebenfalls in einer langen Tradition. Bereits im dritten Jahrhundert vor Christus sagte Laozi: „Ein guter Fahrer ist ohne Wagenspur", und ein Jahrhundert später ist von Huai Nanzi überliefert: „[Bleibt] des Schnitzers Meißel ohne Spur, ist dies das Wunderbarste, dessen menschliches Kunstgeschick fähig ist."

Die Gartenarchitektur, ihre Entwürfe und Konzepte sind untrennbar mit dieser Geisteshaltung verbunden. Kalligraphie, Malerei und Dichtung ihrerseits tragen denselben Geist und inspirierten wiederum berühmte Gartengestalter. Die Geschichte *Die Grashütte* des Literaten Bai Juyi (772-846) zeigt, wie ein Mensch die natürlichen Gegebenheiten als Grundlage für die Gartengestaltung benutzt. In diesem Text beschreibt er, wie er selbst seinen Garten anlegte.

Ganz in diesem Geiste ist auch das Buch „Gartengestaltung" *(Yuan Ye)* verfasst. Es ist die wohl grundlegendste Abhandlung über dieses Thema und stammt aus dem 17. Jahrhundert. Der Autor Ji Cheng war Maler und Dichter und befasste sich intensiv mit Gartenbau. Er entwarf und baute Gärten für verschiedene Auftraggeber seiner Zeit. Infolge des mit Krieg und sozialen Umbrüchen einhergehenden Sturzes der Ming-Dynastie durch die Mandschus im Jahr 1644 existierten lange Zeit nur noch verstreute Fragmente des Buches. Seit den dreißiger Jahren hat man sich bemüht, dieses Buch wieder vollständig zu rekonstruieren. Darin schrieb Ji Cheng 1631:

„Ich liebte schon als Kind Berge und Wälder. [...] Als junger Mann träumte ich von Wanderungen und Reisen in Bergen und am Wasser. [...] Ich bewunderte die Pinselführung der Gemälde von [...] Jing Hao [...]. In meinen mittleren Jahren wurde es in meiner Heimat Mode, dass jedermann künstliche Steinberge in einem kleinen Bambuswald anlegte. Ich musste darüber lachen und man fragte mich, warum. Ich sagte: Das Wirkliche und das Illusionäre bedingen einander. Warum erfassen diese Steinhaufen nicht die wirkliche Gestalt von Bergen, sondern haben eher die Form einer Faust des Frühlingsgottes? Man fragte mich: Könnt Ihr es anders machen? Da legte ich die Steine um und schuf einen Garten, der das Wesen der Natur und der Berge einfing. Die Leute waren begeistert. Zu meiner Steinkomposition sagten sie: Wirklich wie ein guter Berg. [...] So wurde meine Kunst der Steingestaltung weit und breit bekannt und die Gartengestaltung spielte eine immer größere Rolle in meinem Leben."

Ohne den Geist von Malerei und Kalligraphie ist kein Gartenentwurf vorstellbar. Gärten ohne diesen Geist – so belehrt uns Ji Cheng – sind bestenfalls eine äußere Kopie der Natur, und seien sie handwerklich noch so perfekt angelegt.

Su Dongpo, chinesischer Dichter, Maler und Kalligraph in Personalunion, schrieb 1087:

Wer bei Gemälden fragt nach
formaler Ähnlichkeit, beweist,
dass er noch nah dem Knaben ist.
Wenn Du beim Dichten sagst: „Nur so kann's sein!"
wird offenbar, dass Du kein Dichter bist.

Eine sehr wichtige gemeinsame Komponente der Malerei, der Kalligraphie und der Gartengestaltung ist die „Leere".

In der Kalligraphie ist die „Leere" das Weiße und Unbeschriebene, sie ist das Zwischenspiel zwischen dem Schwarz der Striche und dem leeren Grundton des Papiers. In Gemälden ist sie der freie Raum zwischen Bergen, Bäumen und anderen Elementen. Die „Leere", das „Spurlose", ist genauso wichtig wie die dargestellten Dinge. Sie bedingen und implizieren einander. Verschleiernde Nebel in einem Gemälde schaffen einen ununterbrochenen Raum, den man gedanklich durchstreifen kann, und sind nicht etwa „weiße Flecken" im Bild.

„Die Grashütte" von Bai Juyi Seite 227

„Yuan Ye" Seite 143

Laozi unterstreicht in seiner wohl am häufigsten zitierten Passage die Wichtigkeit des „Spurlosen" und der „Leere":

Dreißig Speichen vereinigen sich in der Nabe;
dort, wo sie nicht sind,
liegt des Rades Brauchbarkeit.
Man nimmt Ton, um daraus Gefäße zu machen;
dort, wo er nicht ist,
liegt des Gefäßes Brauchbarkeit.
Man meißelt Fenster und Türen,
um ein Haus zu bauen;
dort, wo also nichts ist,
liegt des Hauses Brauchbarkeit.

Auch die „innere Leere" des Menschen korrespondiert mit der „äußeren Leere" der Natur. Erfolgszwänge, Karrieredruck, Eitelkeiten, Sinnesreize, all die Wunsch- und Angstbilder, die die Brust besetzen und die Handlungen diktieren, engen den Menschen ein. Darauf verweist Laozi sehr schön in wenigen Worten:

Buntheit begeht am Auge Raub;
Klangreiches macht die Ohren taub;
Gewürztes tötet den Geschmack;
das wilde Hetzen und Geschnaub
beim Jagen mit dem Hundepack
erregt das Herz zu roher Wut;
gar mancher hat für rares Gut
geschaufelt sich zu früh sein Grab.
Darum ist's auch des Weisen Brauch,
der Menschen Los nicht zu verschlimmern:
Nicht um das Auge, um den Bauch
lehrt er die Menschen sich zu kümmern.

Um seine innere Ruhe und Gelassenheit wiederzufinden, sollte der Mensch sich von diesen Zwängen und vermeintlichen Zielen befreien. Erst dann ist er wieder offen und zugänglich für die schöpferischen Kräfte der Natur, die sich in ganz unterschiedlichen Facetten zeigen können.

Eine Geschichte von Zhuangzi über einen Holzschnitzer zeigt dies sehr anschaulich: *Der Holzschnitzer.*

Wie tosend sich diese Kräfte auch auswirken können, beschreibt das Gedicht *Das Lied vom wild gewordenen Pinsel* von Lu You (1125-1210).

„Der Holzschnitzer" von Zhuangzi, Seite 215

„Das Lied vom wild gewordenen Pinsel" von Lu You Seite 205

Wie besänftigend und beruhigend die subtilen Kräfte der Natur auf den Menschen einwirken können, zeigt das Gedicht *Meine Berghütte* von Liu Shenxu (8. Jahrhundert):

Die Straße endet, wo die Wolken enden.
Der Frühling folgt dem Bach mit sanftem Schritt.
Wie Schmetterlinge schweben Blüten nieder;
fern schwebt ihr Duft auf klaren Wellen mit.
Zum Bergpfad öffnet sich der Hütte Türe.
Und Weiden rings. Grün durch der Blätter Rand
grüßt mich die Sonne oft bei der Lektüre
und malt mir helle Kringel aufs Gewand.

In der chinesischen Gartenarchitektur gibt es viele Elemente, die als „leere Elemente" bezeichnet werden. Dazu zählen Fenster und Türen, Öffnungen, allerlei angedeutete und umschlossene Leerräume usw. Auch das Wasser gilt als ein „leeres Element". Im „Mondgarten" befindet sich der See und somit die „Leere" in der Mitte der Anlage. Wie ein klarer Spiegel bietet er Raum für Reflexionen. Der „Mondgarten" bildet bei aller Vielfalt eine Einheit und wird von den Kräften der Natur durchwoben und zusammengehalten. Der Makrokosmos wiederholt sich variiert im Mikrokosmos und umgekehrt.

Der chinesische Garten in Marzahn ist eine Brücke zwischen den Kulturen. Die Erkenntnisse des französische Malers Eugène Delacroix beispielsweise, die einem völlig anderen Kulturkreis und Kontext entstammen, decken sich überraschend mit der chinesischen Auffassung von Mikro- und Makrokosmos. So schrieb Delacroix im Jahre 1850: „Ich habe oft gesagt, dass die Zweige von Bäumen in sich selbst kleine Bäume sind; dass Fragmente von Steinen großen Steinformationen ähnlich sind, dass Partikel der Erde einer große Anhäufung von Erde gleichen [...], dass eine Feder aus Millionen Federn zusammengesetzt ist." Solche Ansätze bilden die Bausteine dieser Brücke zwischen den Kulturen und sicherlich gibt es noch viele weitere.

In einem Garten wie dem „Mondgarten" in Marzahn kann sich der Mensch selbst vergessen und seine Raum- und Zeitwahrnehmung mit dem Rhythmus von Himmel und Erde wieder in Einklang bringen. Die Garteninszenierung soll dem Menschen dabei helfen, im Hier und Jetzt zu sein, Abstand von seinem Alltag zu gewinnen und sich von seinen Sach- und Zugzwängen zu befreien.

Der *Garten der Vollendung des Mondes* ist nicht nur eine Bereicherung für den Bezirk Marzahn-Hellersdorf oder ein weiterer bunter Mosaikstein in der Berliner Landschaft, sondern er geht weit darüber hinaus. Er konfrontiert in gewisser Weise die abendländische Architektur mit einer uralten, aber vielleicht auch sehr modernen Philosophie von Raum und Zeit.

Im Anfang schuf Gott den Himmel und die Erde.
Die Erde war wüst und leer,
Finsternis lag über der Urflut,
und der Geist Gottes
schwebte über den Wassern.
Da sprach Gott: „Es werde Licht!“
Und es ward Licht.
Gott sah, dass das Licht gut war.
Da trennte Gott das Licht von Finsternis.
Gott nannte das Licht Tag,
die Finsternis aber Nacht.

GENESIS, 1. BUCH MOSES

西湖秋月

Herbstmond am Westsee

TSCHANG TAI (1597-1689)

Der Westsee (Hangtschow) ist bei Vollmond zu Beginn des Herbstes nicht wiederzuerkennen. Man sieht nichts als Menschenmassen, die herausgeströmt sind, um den Mond zu betrachten. Diese Ausflügler lassen sich in fünf Kategorien einteilen. Erstens in diejenigen, die zwar behaupten, sie seien herausgekommen, um den Vollmond anzuschauen, die aber keinen einzigen Blick auf ihn werfen: Leute, die in einem Durcheinander von Licht und Lärm auf Booten oder in Landhäusern in teuren Gewändern an prunkvollen Gastmählern mit Musik teilnehmen. Zweitens in solche, die sich zwar auf Booten oder Pagoden unter freiem Himmel befinden, aber nicht ein einziges Mal zum Mond hinaufschauen: Damen und Töchter aus vornehmen Familien; auch die hübschen jungen Männer (Homosexuelle) gehören hierher, die im Freien herumsitzen, kichern und schwatzen und die anderen beobachten. An dritter Stelle stehen die berühmten Kurtisanen und Mönche in ihren Festbooten. Sie nippen ab und zu an ihrem Glas und schlagen die Zeit tot, indem sie dem Gesang, dem Flöten- und Saitenspiel frönen. Auch sie sitzen im Mondlicht, schauen sogar zum Mond hinauf, wollen aber vor allem, dass man sie dabei bestaunt. Viertens sind da jene jungen Leute, die weder herumwandern, noch auf Booten zu finden sind. Nach einem Glas Wein und einem guten Mahl stürzen sie, nachlässig gekleidet, nach Tschaotsching und Tuantschiao, wo die Menschenmenge am dichtesten ist. Sie schreien, singen Lieder mit unbekannten Melodien und versuchen den Anschein zu erwecken, als wären sie betrunken. Sie sehen den Mond, sehen die Menschen, die den Mond betrachten, sehen auch die, die den Mond nicht anschauen, nehmen aber im Grunde überhaupt nichts wahr. Schließlich gibt es noch jene, die sich für ein paar Freunde und Freundinnen ein Boot mieten, das mit einem Tonofen, einem zierlichen Tisch, mit Tassen und Kannen aus kostbarem Porzellan ausgestattet ist; sie suchen unter einem Baum Zuflucht oder rudern hinaus auf den Inneren See, um der Menge zu entfliehen. Dort versinken sie in den Anblick des Mondes, ohne sich dabei von anderen zuschauen zu lassen, ja, sie sind sich nicht einmal bewusst, dass sie den Anblick des Mondes genießen.

Die in Hangtschow ansässigen Leute sind, wenn überhaupt, nur zwischen elf Uhr vormittags und acht Uhr abends am See zu finden, als hätten sie vor dem Mond eine Todesangst. Heute Nacht kommen aber auch sie in Gruppen heraus, weil sie reichliches Trinkgeld erwarten. Sänftenträger säumen den Uferrand. Wenn sie einen Kahn bekommen, bitten sie den Bootsmann, möglichst schnell nach Tuantschiao hinüberzustaken, wo sie in dem Gewimmel untertauchen. Hier in Tuantschiao herrscht vor der zweiten Nachtwache (zehn Uhr) ein heilloses Durcheinander von lärmenden Menschen und spielenden Musikkapellen. Die Gegend gleicht einer brodelnden See. Man könnte meinen, hier wäre ein Berg eingestürzt oder Insassen eines Irrenhauses wären losgelassen und alle müssten taub sein. Das Ganze ist wie ein Alptraum. Große und kleine Boote sind am Ufer befestigt, eins knarrend neben dem anderen, Stakstange stößt an Stakstange, Schulter an Schulter und Kopf an Kopf drängt sich die Menge. Doch dann geht endlich der Festtag zu Ende. Zuerst machen sich die Beamten auf, und ihre Ausrufer bahnen ihnen schreiend den Weg. Die Sänftenträger verkünden mit gellenden Rufen ihre Preise, und die Bootsleute geben warnende Zeichen, dass die Stadttore bald geschlossen werden. Ein langer Zug setzt sich mit Fackeln und Laternen in Bewegung und wird von dienstbaren Geistern umschwärmt. Wer an Land geblieben war, beeilt sich jetzt auch, in die Stadt zu kommen, bevor die Tore geschlossen werden. In ganz kurzer Zeit sind fast alle Menschen verschwunden.

Jetzt erst lenken wir unser Boot nach Tuantschiao. Die Felsen haben sich inzwischen abgekühlt, und so breiten wir eine Matte auf dem Boden aus und laden uns selbst zu einem Trinkgelage ein. Der Mond sieht aus wie ein frisch polierter Spiegel, die Berge scheinen ein neues Gewand angelegt zu haben, und der Wasserspiegel des Sees gleicht einer Dame, die sich gerade frisch geschminkt hat. Die bisher hinter den Bäumen Zuflucht gesucht hatten, wo sie in Ruhe ihren Wein trinken konnten, trauen sich nun auch hervor. Wir machen uns miteinander bekannt und laden sie ein, sich zu uns zu gesellen. Plötzlich befinden wir uns in der Gesellschaft angenehmer Freunde und bezaubernder Kurtisanen; Tassen und Ess-Stäbchen sind an ihrem Platz, und unsere Lieder und unsere Musik klingen in die mondbeglänzte, kühle Traumwelt hinaus. Erst wenn der Morgen dämmert, brechen wir auf, steigen wieder in unsere Boote und lassen uns dorthin treiben, wo der See mit Lotosblüten bedeckt ist. Hier, wo die Luft von ihrem Duft erfüllt ist, nicken wir unversehens ein und fallen allmählich in einen tiefen Schlaf.

菊花

Die Chrysantheme

WEI YINGWU (737-790)

Wenn rau der Frost den Rasen deckt,
dann welken alle Blumen hin,
und nur die Chrysantheme noch
vermag in aller Pracht zu blühn.

Sind alle, alle doch bereit,
sich fügsam mit der Zeit zu drehn.
Die Chrysantheme nur vermag
dem Frost der Welt zu widerstehn.

Ich nahm ein Chrysanthemenblatt
und tauchte es in meinen Wein
und kehrte, als der Abend kam,
im Dorf bei Bauersleuten ein.

Unter dem kargen Dach aus Stroh
trank ich mit ihnen manchen Krug.
Wird man der kleinen Dinge froh,
so ist das Leben reich genug.

狂筆之歌

Das Lied vom wild gewordenen Pinsel

LU YOU (1125-1210)

Und tränke ich auch tausend Krüge Wein,
sie löschten diesen Brand im Herzen nicht.
Den Pinsel her! Mir ist die Welt zu klein.
Kreuz und quer mit flammendem Gesicht
male ich Zeichen hin, mir kaum bewusst
der Riesenkraft, die in mir tobt, geballt
wie Wolken, wie ein Sturm in meiner Brust –
So treibt zum Werk mich die Naturgewalt.
Verkrallt im Kampfe bäumen wutentbrannt
sich Drachen auf in blutigwildem Tanz.
Gebirge stürzen von Dämonenhand
zerschmettert; überdüstert lischt der Glanz
des Mondes. Hier im Tuschetrümmerfeld
hab ich verjagt den Kummer – endlich frei,
die Kehle nicht mehr zugeschnürt. Nichts hält
mich jetzt umkrallt. Ich brülle, singe, schrei,
zerhämmre mit der Faust mein Bett. Es fällt
die Kappe mir vom Kopf. Was kümmert's mich!
Wo find ich nur Papier in dieser Welt,
das groß genug für meinen Pinselstrich?
Die Halle dort! – He, Pinsel! Nun zerwühl
die Wand! – Hoch! – Höher! Bis ins Dachgestühl.

歸園田居

Zurück zu Garten und Feld

KLASSISCHE CHINESISCHE POESIE

Von Jugend war ich uneins mit der Welt,
meine Liebe galt den Hügeln und Bergen.
Ungewollt verstrickte ich mich in das weltliche Netz
und blieb darin gefangen für mehr als zehn Jahre.
Der Vogel im Käfig sehnt sich nach dem vertrauten Wald;
der Fisch im Teich träumt von den früheren Tiefen.
Nun pflüge ich braches Land im Süden –
Einfachheit wahrend kehre ich zurück zu Garten und Feld.
Mein Acker umfasst etwas über zehn Morgen Land,
unter dem Strohdach sind acht bis neun Räume.
Ulmen und Weiden schenken Schatten im Hof;
vor dem Eingang stehen Pfirsich und Pflaume.
In der Ferne der Umriss eines Dorfes –
Rauch steigt von den Schornsteinen auf.
Von der Gasse klingt Hundegebell;
ein Hahn kräht auf einem Maulbeerbaum.
Mein Haus bleibt frei von weltlichem Staub;
die leeren Zimmer bieten Raum für Muße.
Lange lebte ich gefangen im Käfig,
nun kehre ich wieder zurück zur Natur.

少無適俗韵 性本愛丘山
誤落塵網中 一去三十年
羈鳥戀舊林 池魚思故淵
開荒南野際 守拙歸園田
方宅十余畝 草屋八九間
榆柳蔭后檐 桃李羅堂前
暖暖遠人村 依依墟裏烟
狗吠深巷中 鷄鳴桑樹顛
户庭無塵雜 虛室有余閑
久在樊籠裏 復得返自然

绕砌苔痕初染碧

隔帘花气静闻香

雕木藝人

Der Holzschnitzer

ZHUANGZI (ca. 335-275 v. Chr.)

Ein Holzschnitzer schnitzte einen Glockenständer. Als der Glockenständer fertig war, da bestaunten ihn alle Leute, die ihn sahen, als ein göttliches Werk.

Der Fürst von Lu besah ihn ebenfalls und fragte den Meister: „Was habt ihr für ein Geheimnis?"

Jener erwiderte: „Ich bin ein Handwerker und kenne keine Geheimnisse, und doch, auf eines kommt es dabei an. Als ich im Begriff war, den Glockenständer zu machen, da hütete ich mich, meine Lebenskraft (in anderen Gedanken) zu verzehren. Ich fastete, um mein Herz zur Ruh zu bringen. Als ich drei Tage gefastet, da wagte ich nicht mehr, an Lohn und Ehren zu denken; nach fünf Tagen wagte ich nicht mehr, an Lob und Tadel zu denken; nach sieben Tagen, da hatte ich meinen Leib und alle Glieder vergessen. Zu jener Zeit dachte ich auch nicht mehr an den Hof Eurer Hoheit. Dadurch ward ich gesammelt in meiner Kunst, und alle Betörungen der Außenwelt waren verschwunden. Danach ging ich in den Wald und sah mir die Bäume und ihren natürlichen Wuchs an. Als mir der rechte Baum vor Augen kam, da stand der Glockenständer fertig vor mir, sodass ich nur noch Hand anzulegen brauchte. Weil ich so meine Natur mit der Natur des Materials zusammenwirken ließ, deshalb halten die Leute es für ein göttliches Werk."

登高望遠

Auf dem Turm am Dschung-Berg bei Nanking

HSJIE T'IAO (464-499)

Ich war bedrückt und fand an nichts mehr Freude.
Da nahm ich dich, mein Freund, still bei der Hand,
und wir bestiegen, Freude suchend, beide
den Turm und blickten weit hinaus ins Land.

Und mit den Wolken unsre Blicke flogen,
zogen den Bergen nach, wo Villen stehn,
und wogten mit der Wälder grünen Wogen
und woben in der Abendnebel Wehn.

Im Teich spielten Fische; leise regten
die Lotosblüten sich in zarten Reigen.
Aufschnellend Vogelschwärme fegten
die letzten bunten Blüten von den Zweigen.

Ein Duft von Blüten würzte uns den Wein.
So saßen wir uns freudvoll gegenüber
auf unsrem Turm. Fiel uns Bessres ein,
sahn wir zur Stadt am dunklen Berg hinüber.

水池波皺風三面

心月同明

茅屋

Die Grashütte

BAI JUYI (772-846)

Das Luschan-Gebirge (Lu-Gebirge) übertrifft mit seiner Schönheit alle Gebirge der Welt. Im Norden befindet sich der Schianglu-Gipfel und der Wei-ai-Tempel. Und der Ausblick zwischen ihnen ist nun wieder das Schönste, was das ganze Luschan-Gebirge zu bieten hat. Im Herbst des Jahres 816 kam Po Lotien aus Taijuan an diese Stelle und verliebte sich in sie. Er fühlte sich wie ein Reisender, der endlich wieder in seine Heimat zurückgekehrt war, und beschloss, sie nie wieder zu verlassen. Darum ließ er in der Nähe des Tempels eine Berghütte errichten, die dem Nordgipfel zugekehrt war.

Im darauf folgenden Frühling war das Haus fertig gestellt. Es besteht aus drei Räumen, die durch zwei Tragpfeiler voneinander getrennt werden, und hat außerdem an den Seiten noch zwei abgeschlossene Zimmer mit vier Fenstern. Größe und Anlage entsprechen seinen eigenen Angaben. Die nördliche Tür ist breit, um im Sommer kühle Luft hereinzulassen, und im Süden weicht das Dach zurück, damit die warme Wintersonne Zugang findet. Das Holzwerk des Hauses ist nicht gestrichen und die Wände sind nicht getüncht. Es gibt hier Steintreppen, Papierfenster, Bambus-Wandschirme und Vorhänge aus grobem Leinen. In der Haupthalle befinden sich vier hölzerne Ruhebänke, zwei ungeschmückte Wandschirme, ein lackiertes *tschin* (Saiteninstrument) und ein paar Bände konfuzianischer, taoistischer und buddhistischer Werke.

Seit Lotien hierher gekommen ist und das Haus als Eigentümer übernommen hat, bewundert er von morgens bis abendes die Berggipfel, lauscht den Quellen und genießt den Anblick der Bambusbüsche, der Bäume, Felsen und Wolken. Sehr bald fing er an, sich wieder gesund, frisch und entspannt zu fühlen. Er hatte seinen inneren Frieden gefunden. Am ersten Abend fühlte er sich auffallend wohl; am zweiten merkte er, dass Frieden in sein Herz eingekehrt war, und am dritten hatte er das Gefühl, ein körperloses Geistwesen und nicht mehr er selbst zu sein, wusste aber nicht, warum. Er dachte darüber nach, was geschehen war, und fand folgende Erklärung:

Vor dem Haus befindet sich eine über hundert Fuß breite, ebene Fläche mit einer Terrasse in der Mitte, die etwa die Hälfte des Platzes einnimmt. Südlich von der Terrasse liegt ein Teich, der etwa zweimal so groß ist wie diese. Um den Teich herum sind wild wachsende Blumen und Bambusbüsche gepflanzt und im Teich sieht man Lotos und weiße Fische. Noch weiter südlich fließt ein steiniger Bach, an dessen Ufer Kiefern und Zypressen stehen. Sie haben einen Umfang von ungefähr zehn Spannen und sind mehr als hundert Fuß hoch. Die obersten Äste reichen bis zu den Wolken hinauf und die unteren, überhängenden berühren den Teich. Die Stämme sind über und über mit Schlingpflanzen und Unterholz umwachsen und durch ihr dichtes Laubwerk, das sich wie ein riesengroßer Sonnenschirm ausbreitet, dringt die Sonne nicht hindurch. Im Sommer ist die Luft wie im September. Die Wege, die zum Haus führen, sind mit weißen Kieselsteinen bedeckt. Knapp fünf Schritte hinter dem Haus befindet sich ein Steingarten mit seltsam geformtem, hohlem Felsgestein. Er ist mit seltenen Pflanzen, Gräsern und schimmerndem grünem Moos bedeckt und mit roten Beeren besprenkelt, deren Namen ich nicht kenne. Die Farben sind zu allen Jahreszeiten die gleichen. Dann ist da noch ein frei herabstürzender Wasserfall, Teepflanzen wachsen unterhalb von ihm und machen diese Stelle für Menschen, die ein Leben in Muße lieben, zum idealen Aufenthaltsort, um hier ihren Tee zu trinken. An der Ostseite des Hauses befindet sich ein kleiner Wasserfall, dessen Wasser über felsige Stufen rieselt, und unten von einem steinernen Becken aufgefangen wird. Nachts hört man ihn murmeln, und in der Morgensonne glänzt er wie eine Silberkette. An der Westseite entlässt eine Bambusrohrleitung, von Norden herangeführt, das aufgefangene Wasser wieder ans Licht, das in vielen Säulen feinen Sprühregens herausbricht, ähnlich den glitzernden Perlenketten, die von der Dachtraufe herabfließen und sich als Dunst im Wind auflösen.

In meiner Umgebung genieße ich im Frühling die Blumen des Bestickten Tales, im Sommer die Bergbäche der Steinernen Pforte, im Herbst die sich ergießende Tiger-Flut und im Winter auf den Berggipfeln den Schnee. Es lässt sich nicht aufzählen oder beschreiben, wie oft meine Umgebung ihr Gesicht verändert, ihr Anblick ist bei Sonnenschein und Regen, bei wolkenverhangenem Himmel, am Morgen oder am Abend immer anders. Deshalb habe ich behauptet, dass der Ausblick hier das Schönste sei, was das ganze Luschan-Gebirge zu bieten hat. Ach, der Mensch ist oft stolz auf das Haus oder die Schlafstelle, die er sein Eigen nennt. Und ich bin hier der Eigentümer dieses freigebigen Geschenks, das alles Schöne, was es gibt, in sich vereinigt und das mich der Natur so nah sein lässt. Ist es also ein Wunder, dass ich mich gesund, frisch und entspannt fühle und hier meinen inneren Frieden gefunden habe?

In früheren Zeiten kamen die Mönche Hueiyung, Hueiyuan, Tsungping, Lei Tsetsung, achtzehn an der Zahl, hierher, siedelten sich hier an und gingen ihr ganzes Leben nicht mehr fort. Ich kann sie gut verstehen, obgleich ich durch tausend Jahre von ihnen getrennt bin.

Ich habe oft darüber nachgedacht, dass ich von meiner Jugend an bis auf den heutigen Tag immer die Gewohnheit hatte, meine Umgebung mit Felsgestein und einem Teich zu schmücken, wo immer ich wohnte, auch wenn es nur für kurze Zeit war. Das ist eine Schwäche von mir. Ich bin hier dem Ortsvorsteher als Sekretär zugeteilt worden. Er verwöhnt mich mit seiner Güte und das Luschan-Gebirge mit den reichen Gaben der Natur. Der Himmel gewährt mir Zeit und die Erde beschenkt mich mit dieser Stätte zum Ausruhen. Kann ich mehr verlangen?

Gegenwärtig habe ich noch Amtspflichten zu erfüllen, die mich davon abhalten, meine ganze Zeit hier zu verbringen. Später, wenn meine jüngeren Brüder und Schwestern alle verheiratet sind und wenn meine Amtszeit abgelaufen ist, werde ich vielleicht die Freiheit haben, immer dort zu verweilen, wo es mich hinzieht. Dann werde ich meine Frau und meine Kinder an die linke Hand nehmen, meine Brüder und das *tschin* in die rechte und mich ganz hierher zurückziehen und die Sehnsucht meines Herzens stillen. Der klare Quell und die weißen Felsen sollen Zeuge meiner Worte sein.

Am 27. März habe ich mein neues Haus bezogen. Am 9. April versammelten sich hier zweiundzwanzig Freunde, darunter Yaun Tschischu aus Honan, Tschang Yuntschung aus Fanyang, Tschang Schentschih aus Nanyang und die Oberpriester der Tunglin- und Schilin-Tempel, um mit Tee- und Obstopfern seine Einweihung zu begehen. Dies ist der Bericht von der Entstehung Tsaotangs, des ländlichen Sommerhauses.

過去和未來

Vergangenheit und Zukunft

WANG SCHITSCHIH (321-379)

Wir sind im neunten Jahr von Yungho (353 n. Chr.) der Ära Kueitschou. Es ist spät im Frühling, und wir treffen uns beim Orchideenpavillon in Schanyin, um das Wasserfest zu feiern.

Alle gelehrten Freunde haben sich eingefunden, alte und junge gut gemischt. In der Ferne sieht man hohe Berggipfel und tiefe Wälder, während rechts und links ein klarer, rieselnder Bach das Licht auffängt. Wir einigen uns, lassen uns an seinem Rand nieder und trinken nacheinander aus dem Becher, der da an uns vorübergleitet. Für Musik ist nicht gesorgt, aber beim Trinken und bei einem Lied wird unser Herz fröhlich und leicht. Es ist ein heiterer Frühlingstag, und es geht ein sanfter, zärtlicher Wind. Das unermessliche All liegt mit Leben angefüllt vor uns ausgebreitet, ergötzt das Auge, erfreut den Geist und alle Sinne. Es ist vollkommen.

Wenn nun Menschen sich zusammenfinden, lassen sie ihre Gedanken durch die Vergangenheit und die Gegenwart schweifen. Manche finden Gefallen an einem ungestörten Gespräch im Hause, andere vertreiben sich draußen die Zeit und beschäftigen sich mit dem, was sie freut. Die Art der Unterhaltung richtet sich nach dem jeweiligen Temperament, wer aber gefunden hat, was er suchte, ist glücklich und fühlt sich nicht alt. Die Zeit vergeht, man wird des Treibens müde, es scheint, dass das, was uns vor kurzem noch gefangen hielt, schon bloße Erinnerung geworden ist. Welch ein Gedanke! Überdies, ob uns nun persönlich ein langes Leben geschenkt ist oder nicht, wir kehren alle zurück ins Nichts. Den Menschen der Vorzeit war der Tod ein großes Problem. Macht es nicht traurig, an ihn zu denken?

Ich habe oft darüber nachgedacht, dass die Menschen in der Vergangenheit wohl genauso gelebt und empfunden haben müssen wie wir Heutigen. Immer wenn ich in ihren Schriften las, habe ich das gespürt und war von ihrem Pathos ergriffen. Es ist ein schlechter Trost, dass Leben und Tod nur verschiedene Phasen von ein und demselben sein sollen und dass es unwichtig sein soll, ob ein Leben lang oder kurz bemessen ist. Ach! Die Menschen der Zukunft werden auf uns schauen wie wir auf diejenigen, die vor uns die Erde verließen. Daher berichte ich hier von den Gegenwärtigen und was sie gesagt haben. Mögen auch Jahrhunderte vergehen und die Zeiten sich ändern, die menschlichen Gefühle werden immer die gleichen sein. Ich weiß, dass zukünftige Leser, deren Blick auf diese Worte fällt, von ihnen in gleicher Weise berührt sein werden.

园中曲径散幽香

桃花源

Der Pfirsichblütenquell

TAO YUANMING (372-427)

Während der Regentschaft von Taiyuan von Tschin lebte in Wuling ein Fischer, der einmal gemächlich nahe am Flußufer entlangruderte. Als er ein Stück zurückgelegt hatte, kam er plötzlich zu einem Pfirsichhain, der sich über hundert Meter am Ufer entlang hinzog. Erstaunt stellte er fest, dass von dem Hain eine magische Kraft ausging. Er war seltsam frei von dem üblichen dichten Gestrüpp, und der Boden war mit seinen blassroten Blütenblättern bedeckt. Er ruderte weiter, um das Geheimnis zu ergründen, und als er an das Ende des Hains gekommen war, sah er eine Quelle aus einer Höhle im Berg fließen. Da er glaubte, ein schwaches Licht in der Höhle gesehen zu haben, band er seinen Kahn fest und beschloss, die Höhle zu untersuchen. Der Zugang war zunächst sehr schmal, kaum breit genug, um einen Menschen hindurchzulassen. Nach knapp zwölf Schritten jedoch öffnete sich die Höhle in eine lichtdurchflutete Landschaft. Der Fischer sah ein weites, ebenes Tal mit Häusern, Feldern und Bauerngehöften vor sich liegen. Da gab es Bambusbüsche und Maulbeerbäume; Bauern waren gerade bei der Arbeit und Hund und Hühner liefen umher. Die Gewänder der Männer und Frauen glichen denen der Welt draußen, und die alten Leute und die Kinder machten einen fröhlichen und zufriedenen Eindruck. Sie waren aufs Höchste erstaunt, als sie den Fischer bemerkten, und fragten ihn, woher er käme. Der Fischer sagte es ihnen und sie luden ihn ein, in ihr Haus zu kommen, wo sie ihm Wein anboten und ein Huhn für das Mittagessen schlachteten, um ihn zu bewirten. Die übrigen Dorfbewohner erfuhren, dass ein Fremder gekommen war, und alle kamen, um ihn zu begrüßen und sich mit ihm zu unterhalten. Sie erzählten, dass ihre Vorfahren auf der Flucht vor der Tyrannei des Qin Shi Huangdi (Erbauer der Großen Mauer) vor etwa sechshundert Jahren hierher gekommen seien und die Gegend nicht wieder verlassen hätten. Sie waren also vollkommen von der Welt abgeschlossen und fragten ihn, welche Dynastie gerade herrsche. Sie hatten noch nie etwas von der Han-Dynastie (200 Jahre v. Chr. bis 200 Jahre n. Chr.) gehört, von der Wei-Dynastie (3. Jahrhundert n. Chr.) und der Jin-Dynastie (3. und 4. Jahrhundert) ganz zu schweigen. Mit großem Staunen vernahmen sie, was der Fischer zu berichten wusste. Viele andere Dorfbewohner luden ihn ebenfalls zu sich ein und bewirteten ihn mit Wein und guten Speisen.

Nach einigen Tagen nahm er Abschied und verließ sie wieder. Die Dorfbewohner baten ihn jedoch, den Menschen draußen nichts von ihrer Siedlung zu erzählen. Der Fischer fand seinen Kahn wieder, kehrte nach Hause zurück und versuchte, sich den Weg, den er gekommen war, zu merken. Dann begab er sich gleich zum Ortsvorsteher und berichtete, was er erlebt hatte. Dieser gab dem Fischer einen Mann mit, dem er den Weg zu der Siedlung zeigen sollte, sie verirrten sich aber und konnten die Stelle nicht mehr finden. Liu Tsetschi von Nanyang war ein großer Idealist. Als er dies erzählen hörte, fasste er den Entschluss, die Stelle ausfindig zu machen, wurde aber krank und starb, bevor er sein Vorhaben ausführen konnte. Seither hat niemand mehr den Versuch gemacht, an diesen Ort zu gelangen.

詩夢

Im Traum gedichtet

ALTE CHINESISCHE POESIE

Die Nacht ist kühl, eine Flöte klingt,
und über tausend Gipfeln steht der Mond.

Der Weg ist dunkel, verirrt der Wanderer,
und hundertfältig Blüten über Blüten!

Das Spiel ist aus, verflogen die Zeit:
Ein Nu? Eine Ewigkeit?

Die Becher sind leer, spät ist es, und der Freund
denkt an den Weg nach Haus.

烟雲

Über den Wolken

ALTE CHINESISCHE POESIE

Feuchte Wolken lasten wuchtig
auf den Bergesgipfeln.
Schatten, frostig schaudernd.
Blicke voller Argwohn.
Nebel fehlt, der Rauch zerrinnt.
Erschiene jetzt eine Göttin,
ich könnte sie fragen:
„Ist das Leben nicht im Grunde nur ein Traum?
Was außerdem ist, weiß niemand.“

Konfuzius sagt: „Sorge dich nicht darum, dass deine Fähigkeiten nicht anerkannt werden.
Vergewissere dich lieber, dass du sie wirklich besitzt.“

Confucius said: “Do not worry that your abilities are not appreciated. Just make sure that you possess them.”

子曰：“不逆詐，不億不信，抑亦先覺者，是賢乎！”

KONFUZIUS (551-479 v. Chr.)

得月園

得月園

Nichts auf der Welt ist so weich und schwach wie Wasser.
Greift es aber Hartes und Starkes an, kann sich keine Kraft
mit ihm messen, denn nichts kann es ersetzen.
Der Grund, warum die Schwachen die Starken
und die Weichen die Harten besiegen können,
ist allen Menschen auf Erden bekannt,
nur will ihm niemand folgen und ihn beherzigen.

LAOZI (um 500 v. Chr.)

殘月

Mondsichel

ALTE CHINESISCHE POESIE

Mondsichel im Dämmerlicht, ein Pavillon.
Vertrautes Gespräch wendet die Seele und macht leicht trunken.
Kennt man wirklich das Herz anderer Menschen?
Alter Hass und neue Liebe folgen einander.
Wer sieht sie?
Wer sieht sie?
Auf Korallenkissen die roten, glitzernden Tränenspuren.

Baumblätter ohne Ordnung am Heimweg.
Woher kommt der Staub auf den Schuhen und der Duft im Gewande?
Neuigkeiten jagen sich, halb beständig und vergänglich.
Wie viele Gedanken der Sehnsucht erfüllen sich heute Nacht?
Herbstregen.
Herbstregen.
Die Hälfte wird vom Herbstwind fortgeweht.

四季

Jahreszeiten

ALTE CHINESISCHE POESIE

Die Tage meines Blühens sind vorüber,
ein dürrer Baumstamm bin ich, kalt und leer.
Raureif verkündet das Nahen des Herbstes,
der Winterfrost ist nicht mehr fern.
Des Sommers Kraft und Wärme liegt gefangen
im schweren Kerker von Eis und Schnee.
Das müde Laub wird fahl und farblos,
die dürren Zweige sind meine Fesseln.
Herbstliches Feuer ist erloschen,
die kahlen Äste sind blass und dünn,
sind ausgemergelt von Krankheit und Tod.
Der Himmel voll Schnee, vorüber die Tage,
dass ich an der Seite des Königs stand.
Mit hängenden Zügeln trabt müßig mein Ross,
die Reise führt ins Ungewisse.
Die eilenden Jahre ließen mich hinter sich,
Erfüllung ward mir nicht gegeben.
Warum bin ich in diese Zeit geboren,
in Tage des Wahns, in Nächte der Furcht?
Stumm wandle ich hin und her durch die Nacht,
das Heimchen zirpt.
Verwirrt ist mein Herz, im Tiefsten verwundet,
Sorgen umgeben mich.
Zum hellen Herbstmond blick ich seufzend auf,
die Sterne ziehen ins Dämmerlicht.

Der Meister sagt:
„Wer aber nicht denkt, ist verloren.
Wer denkt, aber nicht lernt,
ist in großer Gefahr."

KONFUZIUS (551-479 v. Chr.)

In der Nacht des Mittherbstfestes im Jahre 1076 trank ich nach Herzenslust, bis es tagte. Ich war schon sehr betrunken, als ich dieses Gedicht schrieb, zu dem mich auch Gedanken an meinen Bruder in der Ferne inspirierten.
SU DONGPO (1037-1101)

Dem Himmel trink ich zu und frag ihn:
Seit wann nur strahlt dein Mond so rein und klar?
Wie wird gezählt die Zeit am Hof des Himmels –
welch Tag ist's heut bei dir und welches Jahr?
Wie gerne würd ich auf des Windes Flügeln
auffliegen zu dir, o Himmlischer Palast!
Ich fürcht nur, dass du in den Himmelshallen
nicht Glanz für mich, nur Eiseskälte hast.
Komm, Schatten, lass im Tanz uns schwingen.
Sind wir denn nicht den Erdendingen
entschwebt schon und im Himmel Gast?

Längst hat der Mond gedreht sich um den Erker
und sinkt herab und scheint zu mir herein.
Schlaf find ich nicht, und sinnend klag ich:
Mein Herz ist trüb, du aber scheinst so rein.
Die Menschen trennen sich, finden sich wieder,
Trauer folgt Freude. Nichts bleibt ewiglich.
Bald strahlt der Mond, bald kriecht er hinter Wolken,
wird schmal, wird schmäler, wächst und rundet sich.
Seit alters kann der Zeit nichts widerstehn.
Doch wünsch ich dir ein langes Leben und
bedenk, wie gut, dass wir denselben Mond zur selben Stund
gemeinsam übern Himmel gehen sehn!

Der Garten der Vollendung des Mondes

DIE ERBAUER

Jin Boling	*Architekt*
Yang Kaixiang	*Vize-Generalmanager, Peking Gardens and Ancient Buildings Construction Company*
Zhao Hongchen	*Leiter der Bauarbeitergruppe*
Wang Wei	*Kalkulatorin, Ingenieurin*
Yu Yongmao	*Tischler*
Wang Yonggang	*Tischler*
Hu Guoming	*Tischler*
Tian Baosheng	*Maurer*
Yang Fengqi	*Maurer*
Bai Yuhua	*Maurer*
Zhao Ying	*Versorgungsdienst*
Chen Jiangang	*Maurer*
Zhang Guitian	*Maurer*
Miao Lisheng	*Maurer*
Peng Qiming	*Maurer*
Han Shusong	*Arbeiter für Felsenarrangement*
Liu Zhanguo	*Steinmetz*
He Fangduo	*Maler*
Tian Zhenru	*Malerin*
Beate Reuber	*Betriebsleiterin, Erholungspark Marzahn*
Hendrik Gottfriedsen	*Geschäftsführer, Grün Berlin Park und Garten GmbH*
Rolf Bieser	*Technischer Leiter, Grün Berlin Park und Garten GmbH*

Steinboot
Nord- und Südansicht

Die Autoren

MANFRED DURNIOK

Manfred Durniok, geboren in Berlin, studierte Jura, Politische Wissenschaften und Wirtschaftswissenschaften an der Freien Universität Berlin und an der Harvard University.

1957 drehte er seinen ersten Film *Menschen an Haltestellen.* Bereits sein zweiter Film, *Black New York,* erhielt 1958 den Bundesfilmpreis.

Seitdem hat Manfred Durniok als Regisseur, Autor und Produzent mehr als 600 Filme in allen Teilen der Welt gedreht: Spielfilme, Fernsehspiele und Fernsehserien, Industriefilme, Dokumentationen und Unterhaltungssendungen.

Filme seiner Produktionsfirma, der Manfred Durniok Produktion für Film und Fernsehen, Berlin, wurden auf allen bedeutenden Festivals gezeigt und mit mehr als fünfzig nationalen und internationalen Preisen ausgezeichnet, darunter sieben Deutsche Filmpreise, der „Oscar" für den Film *Mephisto*, der British Academy Award für *Oberst Redl.*

Neben seiner deutschen Film- und Fernsehproduktion engagiert sich Manfred Durniok besonders im Bereich der großen internationalen Coproduktion. In den letzten Jahren entstanden zum Beispiel in Zusammenarbeit mit Japan der Kinofilm *Die Tänzerin* und der Fernsehfilm *Winterreise*, in Zusammenarbeit mit China der Film *Ein Chinese sucht seinen Mörder* und der Zeichentrickfilm *Reineke Fuchs*, in Zusammenarbeit mit Ungarn der Spielfilm *Sweet Emma, dear Böbe* (Regie: István Szabó), ausgezeichnet mit dem Silbernen Bären der Berliner Filmfestspiele, und eine große internationale Fernseh-Coproduktion *Das letzte U-Boot.*

Der Spielfilm und die zweiteilige Fernsehspielproduktion *Hotel Shanghai* nach dem weltberühmten Roman von Vicki Baum mit großer internationaler Besetzung wurden bei den Filmfestspielen in Brasilien, in Riga und Moskau mit wichtigen internationalen Preisen ausgezeichnet. 1998 wurde der abendfüllende Trickfilm *Um die Welt in 80 Tagen* mit dem wichtigsten chinesischen Preis, dem Hua-Piao-Preis ausgezeichnet, eine Auszeichnung, die vorher noch nie einem Ausländer zuteil wurde. Die erfolgreiche Trickfilmarbeit in Kooperation mit China wird mit der Verfilmung der Jules-Verne-Romane *Die Reise zum Mond* und *5 Wochen im Ballon* fortgesetzt.

Außerdem engagiert sich Manfred Durniok durch Lizenzerwerb und Vertrieb für wichtige Filme aus dem Ausland, vor allem für künstlerische Filme aus China, Japan, Thailand und anderen asiatischen Ländern sowie aus Mexiko, Venezuela und Brasilien.

Manfred Durnioks besondere Vorliebe gilt der Fotografie. Er hat mehrere Bücher mit eigenen Fotografien herausgegeben: *People*, *Faces of China*, *China ändert sein Gesicht*, *Bangkok*, *Eine deutsche Geschichte*, *Berlin: Kriegsende 1945–1991* und war Mitherausgeber des Buches *Das war die DDR. Eine Geschichte des anderen Deutschland*, eines Begleitbuches zu der ARD-Serie, die Durniok ebenfalls produziert hat.

1986 wurde Manfred Durniok in Anerkennung seiner außerordentlichen Verdienste für die Filmstadt Berlin das Verdienstkreuz am Bande des Verdienstordens der Bundesrepublik Deutschland verliehen. 1992 erhielt er das Große Ehrenzeichen für Verdienste um die Republik Österreich, 1999 das Verdienstkreuz Erster Klasse des Verdienstordens der Bundesrepublik Deutschland. Als einziger Europäer wurde er im September 1999 zum Ehrenbürger der Stadt Peking ernannt.

Vielfältige wichtige kulturpolitische Verbindungen nach Asien veranlassten den Regierenden Bürgermeister von Berlin, Eberhard Diepgen, Manfred Durniok zum Beauftragten der Städtepartnerschaft Berlin-Peking zu ernennen. Im Rahmen dieser ehrenamtlichen Tätigkeit hat sich Manfred Durniok intensiv um die Errichtung des Chinesischen Gartens in Berlin bemüht, der am 15. Oktober 2000 in Berlin-Marzahn als größter chinesischer Garten Europas eröffnet wurde.

NIGEL CAMERON

Nigel Cameron, geboren in Schottland, absolvierte ein Studium an der Universität von Edinburgh. Er leistete Kriegsdienst bei der Royal Navy (2. Königliche Marine), zum Teil im Fernen Osten.

Nach dem Krieg unternahm er ausgedehnte Reisen in Asien. Er hielt sich diverse Male mehrere Monate lang in China auf, wobei er die meisten Provinzen des Landes besuchte. Seit 1961 ist er in Hongkong ansässig.

Von 1961-1963 gab er die Sonntagsbeilage *The Asia Magazine* der führenden englischsprachigen Tageszeitung *The South China Morning Post* heraus. Er veröffentlichte zahlreiche Artikel in Großbritannien und den USA, hauptsächlich über Asien – Indien, China, Südostasien – und viele davon zu Fragen der Kunst und Kunstgeschichte. Von 1970-1994 schrieb er als Kunstkritiker Artikel für *The South China Morning Post.* Seit 1984 veranstaltete und betreute er bis heute über achtzig große Kunstausstellungen in der „Rotunda Gallery" in Hongkong.

Nigel Cameron ist einer der renommiertesten englischen Kenner Asiens und Autor von mehr als zwanzig Büchern sowie vielen anderen internationalen Veröffentlichungen.

Wir danken

für die redaktionelle Mitarbeit

**Simone Lang, Ting-i Li, Mary Gay Dolorfino,
Katalin Titulski, Ramin Molai, Detlef Helmbold,
Prof. Herbert Kundler und Prof. Ernst Schwarz**

und den nachfolgenden Firmen und Institutionen, die dieses Buch mit ermöglichten:

Deutsche Bank

Becks Bier

BAO BERLIN International GmbH

**Berliner Bank
Niederlassung der Bankgesellschaft Berlin AG**

Bürger der Stadt Mannheim

Commerzbank AG

Partner für Berlin

Presse- und Informationsamt des Landes Berlin

Transkription

Die verwendeten chinesischen Begriffe und Namen sind nicht einheitlich transkribiert. Es wurden die Umschriften beibehalten, die den Texten, die wir freundlicherweise verwenden durften, zugrunde lagen. Die eigenverfassten Texte basieren auf der heute offiziell angewandten Pinyin-Umschrift. Ausgenommen davon sind im Deutschen eingebürgerte Bezeichnungen wie Peking, Nanking etc.

DER "GARTEN DES WIEDERGEWONNENEN MONDES" SOLL EINE BRÜCKE SEIN ZWISCHEN MENSCHEN UND KULTUREN, WO IMMER SIE AUCH LEBEN, UND DIE STÄDTEPARTNERSCHAFT ZWISCHEN BERLIN UND PEKING VERTIEFEN.
DIE ENTSTEHUNG DIESES CHINESISCHEN GARTENS VERDANKT BERLIN DER INITIATIVE UND DEM PERSÖNLICHEN EINSATZ DES BERLINER REGISSEURS UND FILMPRODUZENTEN
MANFRED DURNIOK
BEAUFTRAGTER DES REGIERENDEN BÜRGERMEISTERS FÜR DIE STÄDTEPARTNERSCHAFT BERLIN - PEKING UND EHRENBÜRGER DER STADT PEKING.
“得月园”应当成为各国人民以及不同文化之间的一座桥梁，成为加深柏林与北京友好城市关系的纽带。
柏林感谢为建造这座中国园林进行不懈努力的倡议人、柏林电影导演兼制片人、柏林市长委任的柏林—北京友好城市高级顾问、北京市荣誉市民——
曼弗雷德·杜尼约克
2000年

Die Fotografien dieses Buches
entstanden über viele Jahre auf den mehr als 100 Reisen Manfred Durnioks nach China.
Sie wurden aufgenommen in den Park- und Gartenanlagen von Peking, Shanghai, Nanking,
Suzhou, Hangzhou und Kanton sowie im Chinesischen Garten in Berlin.

ISBN 3-87584-067-4

Herausgeber, Zentralredaktion und Fotografien: Manfred Durniok

Redaktionelle Bearbeitung: Simone Lang, Ting-i Li
Lektorat: Diethelm Kaiser
Layout, Titelgestaltung, Satz: Detlef Helmbold, Zenon-Design Berlin
Scanns: DMP-Digital Media Production, Berlin
Druck: Aumüller Druck KG, Regensburg
Bindung: Lüderitz & Bauer, Berlin